古代歷史文化 研究輯刊

十六編

王明蓀 主編

第31冊

《史記》亂臣篇章的詞彙風格

游釟鈞 著

國家圖書館出版品預行編目資料

《史記》亂臣篇章的詞彙風格／游釪鈞 著 — 初版 — 新北市：
花木蘭文化出版社，2016〔民 105〕
目 4+150 面；19×26 公分
（古代歷史文化研究輯刊 十六編；第 31 冊）
ISBN 978-986-404-776-5（精裝）
1. 史記 2. 研究考訂
618   105014280

ISBN-978-986-404-776-5

9 789864 047765

古代歷史文化研究輯刊
十六編　第三一冊　　　　　　ISBN：978-986-404-776-5

《史記》亂臣篇章的詞彙風格

作　　者　游釪鈞
主　　編　王明蓀
總 編 輯　杜潔祥
副總編輯　楊嘉樂
編　　輯　許郁翎、王筑　美術編輯　陳逸婷
出　　版　花木蘭文化出版社
社　　長　高小娟
聯絡地址　235 新北市中和區中安街七二號十三樓
　　　　　電話：02-2923-1455／傳眞：02-2923-1452
網　　址　http://www.huamulan.tw 信箱 hml810518@gmail.com
印　　刷　普羅文化出版廣告事業
初　　版　2016 年 9 月
全書字數　119879 字
定　　價　十六編 35 冊（精裝）台幣 68,000 元
版權所有·請勿翻印

《史記》亂臣篇章的詞彙風格

游釿鈞　著

作者簡介

　　游釳鈞，畢業於元智大學中國語文學系研究所。研究興趣包括語言學、詞彙學、聲韻學、《史記》等。研究所期間曾發表過三篇期刊論文：〈從評價理論的態度系統分析司馬遷對韓信叛變之立場〉發表於「第十三屆全國語篇分析研討會」（內蒙古大學承辦）；〈白先勇小說中的「先」輩園書寫〉刊載於《中正臺灣文學與文化集刊第十三輯》；〈非中和思想的突出司馬遷「發憤著書」與歐陽脩「窮而後工」〉發表於《孔孟月刊》第五十三卷。

提　　要

　　本研究以「《史記》亂臣篇章的詞彙風格」為探討議題，《史記》的風格多變歷代學者多有闡述，包括雄健、峻潔、逸品……然而，這些過於抽象的形容詞卻致使後人難以碰觸到其風格核心，晚近興起的語言風格學運用語言學理論，客觀地分析語言現象，彌補傳統文學風格的不足處。另一方面，在「白馬盟誓」這一前提下，史書所記載的亂臣有了更多的討論空間，因此將研究範圍界定在「亂臣篇章」。

　　研究目的有以下兩點：

　　（一）探討《史記》亂臣篇章整體的詞彙風格。

　　（二）闡發司馬遷如何藉由詞彙呈顯褒貶。

　　本文分為六章，第一章為緒論；第二章爬梳語言風格學和司馬遷的生命經驗，從作家身世探究用詞趨向；第三章解析虛詞在亂臣篇章中的分佈、運用；第四章討論司馬遷如何擇揀同義詞以及同義詞所形成的修辭效果；第五章與《漢書》進行比較，找出二者間的同義修辭，凸顯出《史記》的風格特徵。

目

次

圖　次

表　次

第一章 緒 論

　　《史記》上起軒轅黃帝，下迄武帝太初年間（西元前 104～101），為我國第一部以人物為敘述主軸的紀傳體通史，其內容反映了漢代以前三千年間的經濟、政治、文化等，涉及層面廣泛，此外，《史記》在繼承漢以前文獻典籍的優點之餘，更建立一套體例。無論是思想家、文學家、史學家、美學家皆給予《史記》高度的評價，魯迅更讚《史記》是「史家之絕唱，無韻之《離騷》」〔註 1〕，可謂推崇備至。

第一節　研究動機

一、《史記》語料在上古漢語中具拓展性

　　《史記》全書共一百三十篇，五十二萬六千五百字，〔註 2〕流傳過程中雖有缺失、亡佚，並幾經後人補纂，但根據考證，絕大多數增補的內容至遲不晚於西漢末年，因此，研究者認為《史記》的時代明確、語料可靠。〔註 3〕

　　《史記》繼承先秦文史，其取材包含了當時可以見到的古代典籍。〈太史公自序〉云：「厥協六經異傳，整齊百家雜語」（〈太史公自序〉，頁 3319～3320），除了整合六經異傳外，亦對百家雜語進行批判與取捨；但司馬遷並非單純地承襲先秦文獻，而是在基礎之上加以發展。趙振鐸指出：「司馬遷的《史記》

〔註 1〕魯迅《魯迅全集（9）・漢文學史綱》（北京：人民文學出版社，2005），頁 435。
〔註 2〕司馬遷：「凡百三十篇，五十二萬六千五百字，為太史公書。」詳見〔漢〕司馬遷《史記・太史公自序》（北京：中華書局，1982），頁 3319。下引《史記》，皆用此書。
〔註 3〕參考管錫華《古漢語詞彙研究導論》（台北：台灣學生書局有限公司，2006），頁 278。

能夠代表當時文學語言的面貌，它和周代的語言已經有很大的不同。」〔註4〕
司馬遷吸收了許多漢代的生動口語和新的書面語，再加以他個人的鎔鑄、創
造，從而使《史記》有了嶄新的面貌。相較於以記事爲主，文字精簡，較少
形容、描述的先秦著作而言，《史記》更淺近、更口語，史長於細節描寫，例
如《春秋》多爲大綱式的概括敘述與評語；《左傳》、《國語》等在標題式的敘
述之上，增加了形容描寫，但一般都是隨文點染；《史記》出現明顯的拓展性，
主語、修飾語（手勢和動作、表情姿態等形容描寫）的數量和比重大幅增加。
〔註5〕具體例句：

1. 立依於庭牆而哭，日夜不絕聲。（《左傳・魯定公四年》，頁 953）
   <u>包胥</u>立於<u>秦</u>廷，晝夜哭，七日七夜不絕其聲。（《史記・伍子胥列
   傳》，頁 2177）

2. 十二月戊申，縊於新城。（《左傳・魯僖公四年》，頁 204）
   十二月戊申，<u>申生</u>自殺於新城。（《史記・晉世家》，頁 1646）

3. 鱄設諸寘劍於魚中以進。（《左傳・魯昭公二十七年》，頁 908）
   使專諸置匕首於<u>炙</u>魚之中以進食。（《史記・吳太伯世家》，頁 1643）

例句 1《史記》清楚的指出主語（包胥）以及定語（秦），施事者與處所都較
《左傳》來得詳細。例句 2《左傳》省略了主語，需透過上下文方能得知動詞
「縊」的動作者；此外，《左傳》的動詞做「縊」，而《史記》做「自殺」，後
者要比前者來得淺白通俗，亦爲《史記》不同於先秦典籍之處。例句 3《史記》
作「炙魚」，明白表現出魚的狀態。從以上例子可知，相較於《左傳》而言，
《史記》句子更爲完整，形象更爲具體。

　　整體說來，《史記》句子成份由簡單變得複雜多樣；句子結構由單調變得
豐滿完整。正如許國璋所言：

> 他（司馬遷）擴展了漢語的句法，使表達受限制的紀錄體語言成爲
> 流暢豐滿的描寫體。這位大文學家對漢語所做的貢獻是巨大的，也
> 是值得一切語言學工作者努力認知的。〔註6〕

〔註4〕趙振鐸〈論先秦兩漢漢語〉，轉引自管錫華《古漢語詞彙研究導論》（台北：
　　　台灣學生書局有限公司，2006），頁 278。
〔註5〕參考可永雪《史記文學成就論衡》（北京：中央民族大學出版社，2012），頁
　　　99。
〔註6〕許國璋〈中國計量語言學的嘗試〉，收入何樂士《〈史記〉語法特點研究》（北
　　　京：商務印書館，2005），333。

句子的長短，關係到句子結構、詞與詞之間的關係、詞的構成與語法作用等，《史記》詞彙量豐富，涵蓋面廣大，誠為研究上古漢語（包括周、秦、前漢）的最佳語料。司馬遷在語言運用方面獨具匠心，使《史記》成為中國文學語言的寶庫。然相較於文學、史學、兵學以及美學等領域，語言學在《史記》研究中雖有逐漸茁壯之勢，但仍屬少數。

二、《史記》的風格具多樣性

　　綜觀《史記》全書，其風格多變，隨著各篇章的人物、事件的不同，文章風格也有所不同，李長之指出：

> 司馬遷盡量求他的文章之風格和他的文章中之人物性格相符合，卜封所謂的「文如其人」，我們已不足以拿來批評司馬遷了，我們卻應該說是「文如其所寫之人」。司馬遷的風格之豐富簡直是一個奇蹟，而每一種風格的變換都以內容為轉移。〔註7〕

由是可見司馬遷不為文章體裁所制約，隨著人物、情節的轉換而呈現出不同的風格。前人時賢常論司馬遷風格之特徵，從中便可一窺其風格的豐富多變：

> **雄深雅健，似司馬子長，崔、蔡不足多也。**〔註8〕
>
> 參之太史公以著其潔。〔註9〕
>
> 太史公行天下，周覽四海名山大川，與燕、趙間豪俊交游，故其文疏蕩，頗有奇氣。〔註10〕
>
> 龍門善遊，此亦如米海獄七十二芙蓉，研山几案間臥遊之逸品也。〔註11〕

韓愈是以「雄健」為司馬遷之風格；柳宗元獨以「峻潔」二字來讚許司馬遷文章；蘇轍指出司馬遷文章特徵是「疏蕩」、「奇氣」；姚祖恩以「逸品」作為

〔註7〕李長之《司馬遷之人格與風格》（台北：里仁書局，2008），頁269。

〔註8〕韓愈評柳宗元之文曰：「雄深雅健，似司馬子長，崔、蔡不足多也。」詳見〔宋〕歐陽修、宋祁撰《新唐書・柳宗元傳》（北京：中華書局，1975），頁5142。

〔註9〕〔唐〕柳宗元撰，劉禹錫纂《柳河東全集・答韋中立論師道書》（台北：世界書局，1999），頁699。

〔註10〕〔宋〕蘇轍《蘇轍集・上樞密韓太尉書》（北京：中華書局，1990），頁381。

〔註11〕〔清〕姚祖恩《史記菁華錄・題辭》（台北：聯經出版事業股份有限公司，1977），頁2。

《史記》的特質。以上所舉諸例，僅是自唐宋到明清之間批評家對於司馬遷風格認識的鳳毛麟角。

從上述例子中，不免產生疑惑：何謂「雄健」、「峻潔」、「奇氣」、「疏蕩」、「逸品」呢？後代常有學者進行闡釋，以「逸品」為例，李長之認為所謂的「逸」就是浪漫性：

> 究竟「逸」是什麼？用我們現在的話講，可說就是司馬遷在風格上
> 所表現的浪漫性而已。浪漫者在追求無限，所以司馬遷在用字遣詞
> 上也都努力打破有限的拘束。〔註12〕

李長之雖以「用字遣詞上也都努力打破有限的拘束」指出「逸」的表現手法，但整體而言，對於「逸」的本質卻未能有更進一步的理解；這種過於抽象，且流於感覺表達的描述，便是傳統文學風格的侷限。

傳統的風格研究稱為「文學（藝）風格學」，著重探討作品的內容、情感、意象等，並依照綜合的印象，主觀的直覺，賦予作品一個高度抽象的形容詞以為其風格。〔註13〕然而感覺表達和理性分析是兩回事，前者是根據評論者個人的主觀感受對司馬遷風格所下的定義，並不符合客觀標準，且不必別人認同；後者則需要尊重客觀事實，才能令人信服。另一方面，這些形容詞太過抽象，即使經過後代學者的解釋，仍有極大的可能性造成讀者在認知、理解上與原意之出入，以致難以碰觸到司馬遷風格之核心，語言風格學正解決傳統文學風格學所衍生的問題。

三、《史記》中所記載的「亂臣」留有討論空間

楚漢相爭之際，天下紛亂，豪強群起，韓信、彭越、黥布等人幫助劉邦取得天下。劉邦稱帝時已分封多位異姓王，包括楚王韓信、梁王彭越、淮南王英布、韓王信、趙王張耳、燕王臧荼、長沙王吳芮等；然而，漢朝建立沒多久，這批異姓功臣紛紛因「謀反」而被抄家滅族，僅存偏安一角的長沙王。〔註14〕

〔註12〕李長之《司馬遷之人格與風格》（台北：里仁書局，2008），頁336～337。

〔註13〕參考竺家寧《語言風格與文學韻律》（台北：五南圖書出版股份有限公司，2005），頁1～2。

〔註14〕班固：「昔高祖定天下，功臣異姓而王者八國。張耳、吳芮、彭越、黥布、臧荼、盧綰與兩韓信，皆徼一時之權變，以詐力成功，咸得裂土，南面稱孤。見疑強大，懷不自安，事窮勢迫，卒謀叛逆，終於滅亡。張耳以智全，至子亦失國。唯吳芮之起，不失正道，故能傳號五世，以無嗣絕……」。詳見〔漢〕班固《漢書·韓彭英盧吳傳》（北京：中華書局，1962），頁1895。下引《漢書》，皆用此書。

　　漢朝自取得政權以後，從劉邦、呂后以至文帝、景帝、武帝，用了幾十年的時間採取各種措施以鞏固政權，林聰舜對這種「結構性的權力矛盾」現象多有闡發：

> 秦漢大一統專制帝國成立之後，伴隨權力愈來愈向皇權集中的趨勢，以及不容覬覦的封閉性，在體制上有資格由皇權分享到權力者，往往與皇權形成結構性的權力矛盾。此一矛盾經常激化到以悲劇作結，而且此一權力矛盾不因當事人不同而改變，諸如帝王的賢不孝，臣下的忠奸，甚至雙方性格的剛柔，均無法改變其矛盾性，所以可以稱之為結構性的權力矛盾。〔註15〕

為了鞏固皇權，掌權者運用各種政治手段壓制權力分割者，最後往往落得悲劇收場。劉邦登基稱帝後，提出「欲王同姓以鎮天下」（〈荊燕世家〉，頁1994）、「非劉氏王者，天下共擊之」（〈呂太后本紀〉，頁406），在「白馬盟誓」這個大前提下，「亂臣」的身分便多出了討論的空間，令人不禁揣度：漢初功臣「謀反」的這一動作行為，究竟是主動抑或是被動，更甚至，有無可能是掌權者為了鞏固政權，想方設法給安上的罪名，漢初功臣甚至連叛心都未能萌生便被剷除。

　　以歷來最常被提出討論的韓信為例，根據《史記·淮陰侯列傳》記載，韓信不僅能夠運籌帷幄，更能夠衝鋒陷陣，有著滅三秦、破趙、脅燕、攻楚等功績。漢六年（西元前201年）十一月，漢高祖因人告發韓信謀反，便將他廢為淮陰侯；漢十一年（西元前196年）正月，呂后與蕭何將逆臣韓信斬於長樂鐘室，並且夷滅三族。明、清以來，許多學者提出司馬遷撰寫〈淮陰侯列傳〉實際上是在為韓信平反的觀點，並從史學、文學等角度證明司馬遷透過「隱筆」、「微言」來揭露韓信的「反」實為欲加之罪，是漢代掌權者所策劃的一場陰謀、冤獄。〔註16〕由此，研究者對《史記》裡記載亂臣的篇章提出若干假設：

　　其一、司馬遷在撰寫〈淮陰侯列傳〉時，或許選擇了不甚明顯卻又足夠體現自身態度的語言材料，所以引起史學家、文學家等的關注，紛紛將其提出討論。那麼，究竟司馬遷揀選了哪些語言材料，又是如何安排？

〔註15〕林聰舜《《史記》的世界——人性與理性的競逐》（台北：國立編譯館，2009），頁46。

〔註16〕韓信是否叛變的相關辯證，詳見林天文《韓信及其軍事思想之研究》（新竹：玄奘大學中國語文研究所碩士論文，2010）。

其二、延續上一項假設，從語言材料能得出司馬遷對韓信叛變一事採取了否定的立場（當然亦有學者認為韓信謀反亦不誣，在此暫且不論），應該也能看出司馬遷對其他亂臣的態度，存在於亂臣間的不同評價是如何透過語言成分來表現，而各篇章的詞彙運用又有哪些差異？研究者認為這些都是值得探討的。

第二節　研究目的

前人時賢多有對《史記》漢初功臣進行研究，其中不乏從臣子面對帝王時的應對進對、上位者的專權心態、當時社會因素等方面出發的分析，〔註17〕鮮少有學者集中關注亂臣篇章在詞彙使用上的特色。本論文嘗試在文學、史學對異姓諸侯王的分析以及傳統文學風格的基礎上，以現代語言學中，專門研究文學作品語言表現形式的理論和方法——「語言風格學」——對《史記》亂臣篇章的語言特質進行系統化的分析與歸納，以了解《史記》的語言特色，期能填補《史記》風格研究的不足處。細緻而言，本研究目的有兩點：

一、探討《史記》亂臣篇章整體的詞彙風格

語言風格是作家運用語言表達手段形成的綜合表現，從調音、遣詞、擇句到謀篇，綜合地反映在一篇文章或一部作品裡，這就形成了它們的語言風格特點。〔註18〕研究者從語言運用的角度，剖析《史記》亂臣篇章在語言表達過程中，虛詞、同義詞兩種詞彙呈顯出的辭采風格，以及若干辭采風格所組合而成的詞彙風格。透過《史記》中那些被選用來表現「之所以成為《史記》亂臣篇章」的詞彙，為傳統文學風格的相關論述，提供具體的語言論據。

二、闡發司馬遷如何藉由詞彙呈顯褒貶

近來，語言學者關注語言的主觀性，認為語言不僅客觀地表達命題的思想，且在話語中多多少少含有說話人自我的表現成分，語言中用來表達

〔註17〕 以〈《史記》中西漢開國功臣命運初探〉為例，蘭青青從功臣自身、漢初社會因素、專制皇權等特點入手，探究造成漢初功臣命運不同的原因。詳見蘭青青〈《史記》中西漢開國功臣命運初探〉，《魅力中國》第12期（2010年），頁205～207。

〔註18〕 參考黎運漢《漢語風格探索》（北京：商務印書館，1990），頁5。

感情的手段包括語氣詞、詞序、重複等，涉及語音、構詞、語法等各個方面。〔註19〕司馬遷承襲《春秋》的精神與筆法，〔註20〕書寫過程中透過各種方式表表明自己對人物、事件的立場、態度和感情。因此本文除了通過歸納、統計語料以呈現整體的詞彙風格外，更試圖比較諸亂臣篇章間詞彙的差異，探討司馬遷在描寫亂臣時，如何根據人物、語境選擇詞彙以表現他心底對人事物的評價。

第三節　研究範圍

　　本文以《史記》亂臣篇章的詞彙風格作爲研究對象，茲說明「亂臣篇章」的界定、「詞彙」的範圍如下：

一、亂臣篇章的界定

　　《史記》全書包括十二本紀、十表、八書、三十世家、七十列傳，共一百三十卷，約五十二萬字。本紀所以序帝王，十表所以繫時事，八書所以詳制度，世家所以紀侯國，列傳所以誌人物。司馬遷〈太史公自序〉云：「略推三代，錄秦漢」（〈太史公自序〉，頁 3319），他採「詳近略遠」〔註21〕的書寫策略，《史記》三代略寫，而秦漢詳寫，並且漢代的篇章逾半數，又，在這浩瀚的歷史長河裡，秦末漢初時期政權變動劇烈，〈秦楚之際月表〉記載：

> 初作難，發於陳涉；虐戾滅秦，自項氏；撥亂誅暴，平定海內，卒
> 踐帝祚，成於漢家。五年之間，號令三嬗，自生民以來，未始有受
> 命若斯之亟也。（頁 759）

〔註19〕 參考沈家煊〈語言的"主觀性"和"主觀化"〉，《外語教學與研究》，第 33 卷 4 期（2001 年 7 月），頁 268～289。

〔註20〕 〈太史公自序〉：「夫《春秋》，上明三王之道，下辨人事之紀，別嫌疑，明是非，定猶豫，善善惡惡，賢賢賤不肖，存亡國，繼絕世，補敝起廢，王道之大者也。」（〈太史公自序〉，頁 3297）司馬遷亦以「善善惡惡，賢賢賤不肖」作爲評斷人物是非善惡的準繩。此外，《春秋》筆法嚴謹，文字雖簡約，意義卻含蘊深遠，一字即寓有褒貶之意，此種微言大意的寫法同樣爲《史記》所繼承。

〔註21〕 白壽彝指出：「從《史記》的編纂可以看出：第一，司馬遷對待歷史是略古詳今的，越古越簡，越近越詳。」詳見白壽彝《《史記》新論》（北京：求實出版社，1981），頁 39。

秦帝國消亡、各路人馬揭竿而起、楚漢相爭、劉邦一統天下、開國功臣接續因反誅除……都在幾年內接踵發生，從歷史的承繼與變動來說，這一時期實值得探討、研究。職是之故，研究者將時間界定在楚漢相爭到漢高祖年間（約為西元前 209～195 年），以敘述亂臣的篇章（text）為研究對象，集中分析探討漢初的亂臣賊子，這裡的「亂臣」指的是謀反、背叛漢（王）之臣。

據史書記載，漢五年（西元前 202 年）七月臧荼謀反，其後韓王信降匈奴，最後為柴將軍所斬殺；張敖疑與貫高等人共計弒漢王，釋出後廢為宣平侯；淮陰侯韓信謀反關中，被呂后、蕭何用計斬殺並夷其三族；漢十一年彭越、黥布反，誅，同年盧綰亡入匈奴。按此，本論文所探討之亂臣篇章包括：〈張耳陳餘列傳〉、〈魏豹彭越列傳〉、〈黥布列傳〉、〈淮陰侯列傳〉、〈韓信盧綰列傳〉等五篇。其中，〈張耳陳餘列傳〉著重於張、陳二人相與的過程，與其他四篇所載內容較不一致，但是貫高等人策劃弒劉邦、張敖曾因謀反入獄都是不可抹滅的事實，故而收入。

二、詞彙的範圍

本論文集中探討《史記》中的詞彙風格。語言風格學中的語言要素包含音韻、詞彙、句法三方面。與語音、句法相比之下，詞彙較能夠有效地營造出氣氛，清楚地呈現出風格特色，正如張萬有云：

> 同義詞的選用，表意精確；反義詞的調遣，對照鮮明；同音詞的使用，幽默含蓄；多義詞的安排，深刻雋永；色彩詞的巧用，鮮艷明麗；模糊詞語奇用，委婉曲折；口語詞的配合，通俗樸實；書面詞語的調動，規範嚴密；方言詞的選擇，親切自然；古語詞的穿插，莊重典雅；外來詞的點綴，新穎別緻；諺語的設置，形象生動；成語的妙用，言簡意賅；歇後語的調配，活潑風趣。〔註22〕

各種詞類所展現出的風格都不盡相同，因此研究詞的風格意義或風格色彩在語言風格學的研究中佔有十分重要的地位。礙於篇幅有限，無法將司馬遷使用過的詞彙悉數列入，勢必得經過一番篩選，根據研究者初步觀察，發現「虛詞」與「同義詞」在亂臣篇章裡出現頻率偏高，且其間所含有的修辭效果不容小覷，能夠有效地凸顯出本論文的研究目的：（一）探討《史記》亂臣篇章整體的詞彙風格、（二）闡發司馬遷如何藉由詞彙呈顯褒貶。

〔註22〕張萬有《文學語言審美論析》（香港：香港新世紀出版社，1992），頁 57。

　　《史記》中虛詞種類、用法繁多，同時載負作者的感情。雖然古漢語虛詞的數量不如實詞多，但它的使用頻率卻非常高，〔註 23〕許璧便指出《史記》的虛詞種類非常多，並且其用法又多又複雜。〔註 24〕此外，虛詞更是傳達感情造成韻味的重要手段，劉淇《助詞辨略》：「構文之道，不過虛字實字兩端，實字其體骨，而虛字其性情也。」〔註 25〕然而要恰到好處地運用虛詞卻非易事，他緊接著又言：「一字之失，一句爲之蹉跎；一句之誤，通篇爲之梗塞。」〔註 26〕此處用此字，別一處不可用此字，而用與不用又會在語氣、情感上造成細微的出入；作爲語言巨匠，司馬遷對虛字的理解頗爲深刻，可永雪嘗論及司馬遷把虛字當作一種體現、承載他的主觀感情態度、感情色彩的方式。〔註 27〕

　　《史記》中存有大量同義詞，有其特殊的修辭功能。古漢語有著特別豐富的同義詞，其產生是由於社會日益發展和人們對客觀事物的深入認識，表現出漢語的嚴密性、精準性，據池昌海統計，《史記》同義詞占詞語總數的 82%，可以說同義詞研究基本上能反映整部《史記》的詞彙特色。〔註 28〕另一方面，絕大多數同義詞的意義並不是完全相等的，彼此之間有同也有異，或者使用範圍有寬有窄、或者使用條件有所不同、或者感情色彩不同，這些「同中有異」的細微差別可以達到積極的修辭效果，池昌海即從一般修辭效果的角度（如準確、生動形象等）以及特殊修辭效果（如作者的主觀態度、文化價值觀念等）來揭示《史記》同義詞的修辭價值。〔註 29〕

〔註 23〕古漢語虛詞的使用頻率非常高，以《孫子兵法》爲例，全書總字數 6071，其中出現百次以上的六個虛詞（故、而、也、者、不、之）合計出現 1280 次，佔全書近四分之一。詳見許威漢《古漢語語法精講》（上海：上海大學出版社，2002），頁 172。

〔註 24〕參考許璧《史記稱代詞與虛詞研究》（台北：國立台灣師範大學歷史研究所博士論文，1975），頁 8。

〔註 25〕〔清〕劉淇《助詞辨略》（北京：中華書局，2011），頁 1。

〔註 26〕〔清〕劉淇《助詞辨略》（北京：中華書局，2011），頁 1。

〔註 27〕參考可永雪《史記文學成就論衡》（北京：中央民族大學出版社，2012），頁 296。

〔註 28〕池昌海《史記同義詞研究》（上海：上海古籍出版社，2002），頁 6。

〔註 29〕參考池昌海《史記同義詞研究》（上海：上海古籍出版社，2002），頁 95。

第四節　文獻探討

自唐代以後《史記》相關的研究如雨後春筍，切入視角更有著絕對的多樣性，本節擬從「語言風格」與「《史記》語言」兩大範疇爬梳研究現況：

一、語言風格研究

語言風格學在專書著作包括：程祥徽《語言風格初探》、黎運漢《漢語風格探索》、《漢語修辭學》、《漢語風格學》、張德明《語言風格學》、秦秀白《文體學概論》、胡壯麟《理論文體學》、竺家寧《語言風格與文學韻律》等，說明語言風格學之定義、方法、任務、對象等，並且釐清「文學風格」和「語言風格」的差異，皆爲重要的參考書目。

語言風格研究的學位論文在台灣已有十餘篇，以現代文學爲研究對象者，如：羅漪文《《左心房漩渦》之語言風格》、林婉瑜《楊牧《時光命題》語言風格研究》、陳應祥《楊喚詩語言風格研究》、林詩恩《林良兒童詩歌語言風格研究》、鍾嘉玲《張愛玲《傳奇》小說詞彙風格研究》等；而以古典詩詞爲研究對象者，如：陳逸玫《東坡詞語言風格研究》、鄭雅心《論清眞詞的沈鬱頓挫風格——從語言學的角度分析》、林雅惠《王昌齡七言絕句語言風格研究——以音韻和詞彙爲範圍》……從上所舉的學位論文裡不難發現，晚進興起的語言風格學分析對象多爲古典詩詞、現代詩與小說等，散文方面的研究較零星，古典散文更是少見。

針對是否該把文本視爲語料進行純分析，羅漪文在《《左心房漩渦》之語言風格》提出自己的看法，他說：

> 語言風格學者視語言風格學爲語言學的支脈，著重統計、歸納與客觀描述。筆者卻認爲，語言學試圖從眾多語料中尋找抽象的語法原則，但文學語言畢竟不同於日常語，文學語言蘊含著美的因子，若把文本孤立成爲語料進行純分析，則將難以有效詮釋文學語言之魅力。〔註30〕

研究者亦認爲語言風格學不僅是對語料進行基本的統計、分析以歸納出風格，尤其《史記》常「意到處言不到，言盡處意不盡」，〔註31〕語言形式之外

〔註30〕羅漪文《《左心房漩渦》之語言風格》（新竹：國立清華大學中國文學系碩士論文，2003），頁9。

〔註31〕〔清〕劉大櫆《論文偶記》，收入郭紹虞、羅根澤編《中國古典文學理論批評專著選輯》（北京：人民文學出版社，1959），頁7～8。

的言外之旨是構成《史記》重要的一部分，故應在客觀描述語料之餘，與言外之旨相結合。

二、《史記》語言研究

　　有關《史記》語言的研究，漢魏六朝時期對其語言是概括性的認識；到了唐代，尤其中唐以後由於古文運動的影響，開始從文學角度來關注《史記》語言的整體感受；隨著文章學的發展，宋人不僅重視文章整體的章法，更深入探討句法、字法；明清以後，《史記》語言研究更加深入細緻，專著頻出，〔註32〕如凌稚隆《史記評林》、李景星《史記論文》、劉大櫆《論文偶記》、林紓《春覺齋論文》、李景星《史記評議》、姚祖恩《史記菁華錄》等，這些專著在評點過程中，間有論及詞彙的運用及其所表現出的風格。

　　近人專著的部分，如王叔岷《史記斠證》隨文評點詞彙的運用；李長之《司馬遷之人格與風格》提出司馬遷擅用虛詞，但僅列出十一個虛詞，且字詞解釋稍嫌抽象，舉例也多未深入分析；楊樹增《史記藝術研究》指出記敘形式的三種方式與虛詞的使用密切相關；池昌海《史記同義詞研究》認爲古漢語同義詞論著大多都是將詞語匯集在一起進行籠統的分析，甚少討論詞語所承載的文化信息以及可能帶來的修辭潛在價值，因此他重在探討《史記》同義詞語義、語法和語用三個層面的區別特徵以及同義詞的修辭功能；可永雪《史記文學成就論衡》說《史記》虛字傳神，只可惜舉的例子也不多。這幾部專著作爲研究者立論之根基，具啓發的作用，其中對於池昌海的見解，研究者亦認爲同義詞的研究在匯集專書詞語的同時，應該進一步對文化信息進行分析。

　　在碩博士論文與單篇論文方面，如許璧《史記稱代詞與虛詞研究》羅列出司馬遷使用過的虛詞，雖然虛詞的界定與本研究不大相同，但他詳細記載《史記》所收錄的每一字詞，對實際歸類、統計、分析《史記》亂臣篇章裡的虛詞大有幫助；武海亮《《史記》品行類單音節形容詞同義關係研究》集中探討品行類單音節形容詞同義關係的成因以及其修辭功能，他指出品行類單音節形容詞在評價人物典型性格、形象的過程中起到了非常重要的作用；李炳傑《《史記》中的介詞》、《《史記》的複句連詞》以及《《史

─────────────────

〔註32〕參考王曉玲〈清前《史記》語言文學研究論略〉，《寶雞文理學院學報（社會科學版）》第32卷第5期（2012年10月），頁66～69。

記》中的助詞〉分別探討《史記》介詞、連詞、助詞的使用情況；范文芳〈從「史記」看司馬遷在語文運用上的技巧〉、〈司馬遷的寫作技巧〉提及司馬遷寫作時講究用字，並就動詞與虛詞舉例說明；溫源〈一字一嘆哀而遠——談《李將軍列傳》中虛詞的運用〉針對單篇的虛詞運用分析，內容較為詳細，值研究者學習。

　　通過前文的敘述，不難發現多數研究都是針對《史記》整體而言，而非單論某一篇章、某種內容。若說許璧、池昌海等人的研究是往大處著手，那麼本論文無庸置疑的是就微觀而言，其價值在於：通過分析、探討主題性質相近的篇章，一方面能夠看出風格受題材影響所產生的獨特性，同時也能夠以由小見大，一窺《史記》的風格；另一方面，篇章間相同／不同的詞彙可以更清楚地凸顯司馬遷採用的語言策略，挖掘出言外之意。

第五節　研究方法

　　風格的研究在中國已有很久的歷史，傳統文人對風格的認識與晚進興起的「語言風格學」有著差異性。傳統風格研究的特徵包括：著眼於文章體裁的劃分、認為風格是作品裡所有要素（作家思想、作品主題結構、語言等）的集合、用難以捉摸且高度抽象的形容詞描寫主觀感受；而語言風格學則不然，它是語言學和文學相結合的產物，如圖 1-1 所示：

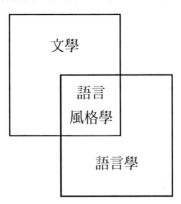

圖 1-1　語言風格與文學、語言的關係

語言風格學雖然與文學有密切關係，但它主要是研究語言運用和表現風格的關係，客觀地分析語言材料以及語言表達手段。

　　語言風格學家認為文體、情感、文化等任何想像得到的因素，都可能影響作家對語言要素的「選擇」，而每個作家創造語言、驅遣語言的方式不盡相同，這就是個人風格之所在。

自然語言　規律或變異的調整、放寬　文學語言

圖 1-2　自然語言與文學語言

文學語言是作家對自然語言的壓縮、搥扁、改造；換言之，文學語言絕大部分是經過作家對自然語言有意識／無意識的選擇。而把作家對（非）語言要素「選擇」的規律性或變異性找出來，便是語言風格學的任務。〔註 33〕凸顯「選擇」的主要研究方法包括「數理統計法」、「比較法」以及「分析綜合法」：

一、數理統計法

　　數理統計法是以數學方法進行科學研究，分析者把「散點化」的語言成分給予量化，其「質」將會反映於「量」，通過對統計數據的觀察可以找出「質」的依據，從而對語篇做出客觀的評價，此一方法適用在各種語言風格的研究（個人風格、作品風格、民族風格、時代風格⋯⋯）。本文使用數理統計法，將「虛詞」和「同義詞」的各種現象量化，通過統計出的數據進行歸納，以此呈顯出司馬遷遣詞用字的傾向。

二、比較法

　　比較法是將兩種或兩種以上的同類事物做為研究對象，透過客觀事物的比較，可以探求相似處，亦可以觀察出相異點，藉此更加深入地認識事物的特性和本質。本文通過比較法來呈現亂臣篇章間選用的詞彙的異同，凸顯出各篇章自身的特點。另外，亦對《史》《漢》的詞彙風格進行比較，由於《漢書》記述秦末漢初這一時期是和《史記》重疊的，文字表達的差異處更能看出兩人的語言風格。

〔註 33〕參考竺家寧《語言風格與文學韻律》（台北：五南圖書出版股份有限公司，2005），頁 7～8。

三、分析綜合法

　　分析綜合法，又稱「分析歸納法」，是語言風格學中最基本也最重要的方法之一，每一種風格類型的確定和風格特點的歸納，幾乎都離不開分析和綜合的辨證統一。語言風格學運用「分析」的研究法，就是把研究對象的整體分為多個單位，進行分析研究，具體認識風格要素、風格手段的構成和作用；「綜合」則是把分析過的數個單位的結果綜合起來，從整體上認識語篇風格的統一性。研究者從「虛詞」與「同義詞」兩個方面進行，透過各別統計以及互相比較的結果，分析它們在段落、層次或語篇中所形成的辭采風格，歸納出亂臣篇章詞彙的綜合特點與整體風格。

第六節　論文章節說明

　　就前所論述，前人對於《史記》語言之運用的研究多散見於論著，且論述篇幅甚小。因此本論文從語言風格的研究角度出發，分析《史記》中亂臣篇章的詞彙，呈現司馬遷的創作技巧與風格特色。論文章節安排如下：

第一章　緒　論

　　由於本部份在前文已詳談，在此不另加詳述。

第二章　語言風格學與《史記》語言使用者

　　首先，針對「語言風格學」進行爬梳，包括區別「語言風格學」和「文學風格學」、提出各家對語言風格學的界定、介紹風格手段等。其次，語言使用者與語言風格的形成有密切關聯，然司馬遷的生平為大家所熟悉，因此這裡僅就「文化修養」、「人生閱歷」、「精神信仰」、「生命轉折」這四個影響其語言風格的生命經驗進行論述。

第三章　《史記》亂臣篇章虛詞的風格表現

　　由於虛詞的定義至今仍未有定論，因此首要工作便是說明虛詞的定義與分類。其次，分別探討「副詞」、「介詞」、「連詞」、「助詞」、「語氣詞」這五種虛詞在亂臣篇章裡的運用，以及虛詞所表現出的文體特徵。

第四章　《史記》亂臣篇章同義詞的風格表現

　　首先，說明本研究所執的定義以及判斷同義詞的標準。其次，辨析「名詞同義詞群」、「動詞同義詞群」、「形容詞同義詞群」，並且整理出同義詞在亂臣篇章裡的整體特徵。

第五章　《史》《漢》亂臣篇章風格的比較

　　《漢書》多有沿用《史記》處，然而班固並不是全面的抄襲，而是有所刪省、改易。本章指出《史》《漢》同義手段的選用，以及在選擇過後所呈現出的不同表現風格。

第六章　結　論

　　總結前文，簡述研究展望。

第二章 語言風格學與《史記》語言使用者

　　「風格」研究在中國歷史悠久，先秦典籍即有初步的論述。魏晉、南北朝由於古典文論的繁榮發展，連帶地推動風格理論的研究，使其有了很大的突破。三國曹丕《典論・論文》述及奏議、書論、銘誄以及詩賦四類文體的風格，並用「氣」〔註1〕表示文章之氣；陸機《文賦》則將作品分為詩、賦、箴、頌、奏、說等，對十體的風格特色進行說明。曹、陸在前人風格論〔註2〕的基礎之上，開創出文體風格與個人風格理論之先聲。東晉時期出現的「風格」一詞，原是用以品評人物，例如「士有行己高簡，風格峻峭」〔註3〕、「以風格端嚴者為田舍樸儀」〔註4〕等，「峻峭」及「端嚴」都是用來指人的風度、品格等特點的綜合。直至南朝梁劉勰《文心雕龍・議對》：「漢世善駁，則應劭為首……及陸機斷議，亦有鋒穎，而諛辭弗剪，頗累文骨，亦各有美，風

〔註 1〕 曹丕曾言：「文以氣為主，氣之清濁有體，不可力強而致」，以「氣」與「清」、「濁」的概念來解釋作家作品所展現出的風格，例如曹丕稱徐幹「時有齊氣」，而公幹「有逸氣」等。詳見〔魏〕曹丕《典論・論文》（北京：中華書局，1985），頁 1。

〔註 2〕 所謂「前人的風格論」舉例而言：漢代揚雄的《方言》、《太玄經》，班彪的《史紀論》，王充的《論衡》以及班固的《漢書》等，分別論述了風格的華樸、雅俗、繁簡和風格的優劣高下、文體特點等；在作家作品的風格論方面，著名的漢代文學家司馬遷論述了屈原《離騷》的風格。詳見張德明《語言風格學》（高雄：麗文出版社，1995），頁 40。

〔註 3〕 〔東晉〕葛洪《抱朴子・行品》（上海：上海書店，1982），頁 142。

〔註 4〕 〔東晉〕葛洪《抱朴子・疾謬》（上海：上海書店，1982），頁 150。

格存焉。」〔註5〕最末以「風格」二字來總結應劭、傅咸、陸機三人的創作個性與作品藝術特色，自此以後，用「風格」來評論文藝作品或文章的就更多了。

第一節　語言風格學概說

「風格」一詞使用範疇廣泛，無論在文學、語言、建築、音樂等學科都可見此一術語；而也由於各個領域對問題探索的角度、研究方法等不同，故對風格的理解也就有所差異，其定義至今仍莫衷一是，研究者必須依研究對象之本質屬性以及所歸屬的學科來界定風格概念。本節首先釐清「語言風格學」及「文學風格學」的異同；其次爬梳兩岸三地語言學界給予「語言風格學」的三種定義。

一、語言風格學與文學風格學之區別

有關作家作品的風格研究，可分為「語言風格學」和「文學風格學」兩種，此兩者之間的關係密切但又不能等而論之，黎運漢於《漢語風格探索》指出：「語言風格與文學風格是兩個不同的概念。它們屬於不同的科學範疇：前者屬於語言學，後者屬於文藝學。它們有密切聯繫，但有區別。」〔註6〕由於所屬範疇的不同，故而探討問題的視角也就隨之不同，因此絕大多數的語言風格學者也都注意將它們區別開來。

誠如黎運漢所言，「語言風格學」和「文學風格學」兩者間「有密切關係，但有區別」。就共通性而言，其「風格」一詞的概念界定都起源於希臘（希臘文寫做「Stylos」），並且學界談論表現風格時所用的術語大多雷同。更重要的是，不論是用傳統的方法來進行分析，還是用現代語言學理論探討風格問題，它們研究目的基本是一致的，即：如何對作品進行編排，使其具備最佳的表達效果。「語言風格學」探討作家作品如何根據語境選擇、運用語言成分；「文學風格學」則賞析作品的各種成分所具備的文體功能，兩者都是探討如何正確地、恰當地表情達意。

〔註5〕〔南梁〕劉勰著，范文瀾註《文心雕龍注·議對》（台北：學海出版社，1991），頁438。

〔註6〕黎運漢《漢語風格探索》（北京：商務印書館，1990），頁5。

就差異性而言，「語言風格學」和「文學風格學」無論在表現領域、研究方法、研究對象或研究任務幾個方面都有所不同，竺家寧《語言風格與文學韻律》歸納其差異性：

> 傳統的風格研究稱爲「文藝風格學」。凡是以文學的方法研究，涉及作品內容、思想、情感、象徵、意象、藝術性的，稱爲「文藝風格學」。凡是用語言學的方法研究，涉及作品形式、音韻、詞彙、句法的，爲「語言風格學」。〔註7〕

文學領域是將風格作爲整個創作的思想藝術特點的統一體來研究；而語言學領域是研究作家語言實踐中各種風格要素、風格手段表現出的綜合特點。具體區別可見於表 2-1：

表 2-1　語言風格學與文學風格學之區別

類型 區別	語言風格研究	文學風格研究
研究性質	現代語言學理論	傳統文藝學理論
表現領域	文學作品與非文學作品（例如政治、經濟、軍事、科學等作品）	文學作品
研究對象以及研究任務	集中探討作家作品所使用的風格手段系統（音韻、詞彙、句法等），闡明它們在構成各種風格中的作用。	著重分析文學作品中思想內容以及藝術形式等各種特點的綜合表現。
研究方法	分析法、統計法、比較法。	描述法、概括法。
其　他	重視分析，較客觀。	重視價值，偏主觀。

從上表可以看出語言風格表現的領域較文學風格表現領域寬廣，政治論文、科學論文等非文學作品也在該領域內，文學作品只是其中一項。而在容量方面，文學風格要比（文學作品的）語言風格還要廣泛，文學風格的研究包括作家的思想修養、題材選擇、情節結構的安排、人物形象的塑造、表現手法等，雖然也探討語言技巧的運用，但理論往往是建立在傳統的語言工具論基礎上，進行總體的印象式描繪，經常落於空疏而不具體，《語言風格初探》：

〔註7〕竺家寧《語言風格與文學韻律》（台北：五南圖書出版股份有限公司，2005），頁 13。

> 傳統的文體風格論與現代的語言風格學的最大區別是：文體風格論
> 者將自己對各種不同文體的印象用形容性詞語描繪出來，即所謂
> 雅、理、實、麗、綺靡、瀏亮、纏綿、朗暢、簡實方正、疏通圓美，……
> 這樣並不能充分揭示風格的抽象性質與神秘色彩。〔註8〕
>
> 語言風格學卻是要研究言語氣氛所賴以體現的語言材料──語音、
> 詞彙、語法格式，尤其注重同義成份或平行成份的選擇，這就可以
> 避免依個人主觀感受給風格下斷語，將風格的探討建立在有形可見
> 的語言材料上。〔註9〕

程祥徽指出傳統文學風格有著高度抽象以及流於主觀的弊病；而語言風格透過精確、客觀的語言分析技術，能夠避免落入「鏡花水月、空中之象」的泥淖。語言風格是為文學作品所呈現出來的語言現象做描述，以理性求真為出發點，而不以感性評判為能事。

長久以來，中國對文學的「風格」研究多從文學批評、文藝理論、作品賞析等文學思考的角度入手，探索作品「所指」的一面；至於「能指」則多停留於詩文格律、用韻以及修辭格等。完整的文學作家作品風格研究不能夠只站在一個位置看問題，應同時兼顧文學風格與語言風格，方能看見其全貌。

二、語言風格學的定義

瑞士語言學家巴里（Charles Bally）在 1905 年出版《風格學概說》（*Précis de stylistque*），正式將語言風格（Stylistics）這個術語用於語言學，後為各國語言學者所引用；然對其定義始終存在著分歧，無法整合，兩岸三地即有多種說法，較具代表性、影響較為深遠的有「氣氛格調論」、「常規變異論」以及「綜合特點論」三種：

（一）氣氛格調論

五十年代開始，中國語言學家在傳統文體論的基礎上，吸收、結合現代的風格理論，用以說明語言風格的定義。這種說法以高名凱和胡裕樹為代表，他們認為語言風格是在語言運用中形成的言語氣氛和格調：

〔註 8〕程祥徽《語言風格初探》（台北：書林出版社，1991），頁 19。
〔註 9〕程祥徽《語言風格初探》（台北：書林出版社，1991），頁 20。

> 語言中的風格就是語言在不同的交際場合中被人運用來進行適應這
> 交際場合，達到某一交際目的時所產生的特殊的言語氣氛或言語格
> 調。〔註10〕

> 語言風格是指由於交際情境、交際目的的不同，選用一些適應於該
> 情境和目的的語言手段所形成的某種言語氣氛和格調。〔註11〕

從引文我們可以得知，高名凱與胡裕樹皆認為語言風格是在不同的交際場合，為了達到不同的交際目的，選用不同的語言手段、修辭手段而產生的言語氣氛或格調。高名凱更特別強調不應該用風格一詞指稱「備用狀態下的語言」〔註12〕特點，他認為如果研究漢語的風格，就只能指漢語在不同的交際場合中所形成的風格。〔註13〕

氣氛格調論強調語境、目的和使用的手段，適合用以描寫群體的風格，但卻未能概括作者之間的風格差異。例如：五四時期白話文運動的作家魯迅、郭沫若和胡適等人，由於有著相似的交際場合與交際目的，故而他們三人的時代風格基本是一致的，但氣氛格調論卻未能有效凸顯他們個體的風格特色。〔註14〕

（二）常規變異論

常規變異論最初由布拉格語言學派提出，在倫敦學派〔註15〕手中得到發展。此說法認為語言風格是語言的變異或變體，其特徵是對常規的偏離

〔註10〕 高名凱《語言論》（北京：商務印書館，1995），頁456。

〔註11〕 胡裕樹《現代漢語（重訂本）》（上海：上海教育出版社，2011），頁504。

〔註12〕 所謂「備用狀態下的語言」與「使用狀態中的語言」是兩種課題。「備用狀態下的語言」是以一種語言的語音、詞彙、語法系統為研究對象，找出A語言具有而B語言不一定具備的語言成分或特點，由此顯出A的特徵；「使用狀態中的語言」則是把一種語言放在具體的交際場合中，考察不同的交際場合具有哪些語言上的特徵。詳見程祥徽《語言風格初探》（台北：書林出版社，1991），頁4。

〔註13〕 參考高名凱《語言論》（北京：商務印書館，1995），頁461～462。

〔註14〕 參考胡壯麟《理論文體學》（北京：外語教學與研究出版社，2000），頁164。

〔註15〕 布拉格語言學派是結構語言學的一個分支，代表人物是馬德修斯（Vilem Mathesius），此派學者強調用功能方法進行語言分析，並且提出「風格是對常規的變異」（Style is deviation of norm）的理論，主張有系統地違反標準、常規才能寫出不同於散文的詩歌；後起的英國倫敦學派，代表人物是弗思（J. R. Firth），此學派在布拉格語言學派理論的基礎上，對「常規」、「變異」提出自己的見解，並且認為語言不能脫離語言環境來考察。參考秦秀白《文體學概論》、張德明《語言風格學》、胡壯麟《理論文體學》以及胡壯麟、朱永生、張得祿、李戰子等著《系統功能語言學（修訂本）》。

（deviation）。常規和變異是互為比較的兩個概念，所謂的「常規」是指語言運用所共同遵守的慣例、規則；而「變異」是指因時間、地點等環境不同致使語言運用違背這些規則產生變化。此派論點對中國風格理論的早期研究產生了較大的影響，以葉蜚聲、徐通鏘和程祥徽等先生為代表。程祥徽於《語言風格初探》道：

> 風格只有在語言環境（situation／environment）中表現出來，它是社
> 會的、集體的語言在特定交際環境中的變體（variety），風格作為語
> 言的一種變體是與語言的地域變體（即方言 dialect）或其他變體相
> 對而言的。〔註16〕

語言會隨著使用場合的不同而表現出不同的變異，具體方法是透過語言要素、修辭格、標點符號及行文格式等各方面有意識地違反常規而形成。同一個人在不同的場合對不同的對象說話往往有不同的特點，例如向陌生人問路通常會使用官方語言，但與兒時友人見面談天可能會使用家鄉方言；又如同學之間的對談和交給老師的課堂報告，兩者之間由於接受訊息者以及交際目的不同，前者可能較口語化，而後者多使用書面語。

　　常規變異論從對比的角度著手必然有其與眾不同之處，但這種說法對風格的意義有些偏頗，失之過寬，它會使研究者低估所有非變異語言的作用。〔註17〕例如某篇文章裡頭經常使用書面語，就會形成典雅的風格，這並不是由語言的偏離或變異所形成，而是藉由對一個常規形式的頻繁使用來實現。

　　（三）綜合特點論

　　綜合特點論較為學術界所熟悉，影響相對比較大。目前兩岸三地風格學研究領域的學者大多持此觀點，以王煥運、黎運漢、張德明、張靜等人為代表：

> 語言風格是人們運用語言表達手段所形成的諸特點的綜合表現，它
> 包括語言的民族風格、時代風格、流派風格、個人風格、語體風格
> 和表現風格等。〔註18〕

> 語言風格學的研究對象是語言的風格現象，即研究民族語言本身的
> 特點及其運用中各種特點的綜合表現。〔註19〕

〔註16〕程祥徽《語言風格初探》（台北：書林出版社，1991），頁7。
〔註17〕參考胡壯麟《理論文體學》（北京：外語教學與研究出版社，2000），頁101。
〔註18〕黎運漢《漢語風格探索》（北京：商務印書館，1990），頁5。
〔註19〕張德明《語言風格學》（高雄：麗文出版社，1995），頁48。

持此論點的學者將語言風格視爲人（或人們）在語言實踐中所表現出來一系列的特點之綜合表現。與另兩種定義相較之下，綜合特點論的較爲全面、靈活。

關於定義所指的內容和範圍，三種說法各有差別，甚至連同一種說法都有出入。但儘管研究體系、學派、著重點不同，相同的是：1. 它們都從語言運用的角度出發；2. 所指的語言風格都包括個人風格；3. 都離不開語言要素和風格手段。研究者對語言風格學的理解更接近綜合特點論，認爲人們隨著語言環境的不同會選擇不同的語言表達手段（從調音、遣詞、擇句、設格乃至謀篇），而這些表達手段綜合反映在一篇文章、一部作品、一個作家的作品或一個時代作家的作品，於是形成了它們的語言風格特點。

三、語言風格學的風格手段

語言風格的形成因素是多方面的，概括而言，可分爲「物質材料因素」以及「制導因素」兩項。前者是語言風格得以形成的基礎，任何語言風格都要藉由它來體現，沒有物質材料，就沒有風格。〔註20〕

「物質材料因素」實際上就是語言風格表達手段，亦即風格手段。語言風格手段是一個系統和整體，主要由語言表達手段中具有風格色彩的成分組成，有些非風格色彩的成分和風格色彩的成分配合，也可以體現出風格特點；無論是具有風格色彩的成分或者非風格色彩的成分，它們都是風格手段系統的組成員，不同的語言風格體現於對不同組成員的選擇與運用，不同組成員的相互結合會表現出不同的語言風格。〔註21〕

國內外學者往往將風格手段分爲語言要素和非語言要素兩種，黎運漢、高名凱以及胡裕樹於著作中皆有相關論述：

> 具有風格色彩的詞彙成分、語法成分（包括詞法與句法）或語音成分都是語言的風格要素，超出這範圍的風格手段就是非語言風格手段。〔註22〕

> 語言風格的表達手段，總的可以分爲兩大類。即語言的風格要素和非語言的風格要素。〔註23〕

〔註20〕　參考黎運漢《漢語風格探索》（北京：商務印書館，1990），頁 55。
〔註21〕　參考黎運漢《漢語風格探索》（北京：商務印書館，1990），頁 55。
〔註22〕　高名凱《語言學論叢（第四輯）‧語言風格學的內容和任務》（上海：上海教育出版社，1960），頁 186。
〔註23〕　胡裕樹《現代漢語（重訂本）》（上海：上海教育出版社，2011），頁 504。

語言的風格要素主要是指語音、詞彙以及語法，此三要素存在著許多風格手段，反覆地使用這些風格手段直至穩定，就會形成某種特定的風格；與此相對的非語言要素（或稱超語言要素）就是指超出語言要素範圍之外的風格手段，涵蓋篇章結構、修辭手法、行文格式、標點符號、圖表數字等。〔註24〕可用下圖表示：

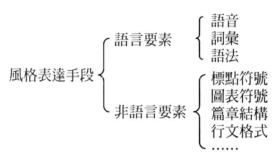

圖 2-1　語言表達手段

　　在語言要素中許多語言風格學家對於同義系統給予極大的關注。高名凱先生在談到語言同義形式在形成語言風格中的作用時也說：

> （風格手段系統）首先是由語言中所具備的具有風格色彩的成分組織而成的。語言中有許多同義的系列，不但詞彙中有同義詞，就是在語法和語音方面也有同義成份。這些平行的同義成分可能具有不同風格色彩。〔註25〕

無論是語音、詞彙、語法都存在著許多同義表達手段，這些成分在意義上是平行的，邏輯意義上並沒有差別，只有風格色彩上的不同。例如「寐」與「睡覺」兩者邏輯意義相同，但前者予人莊重嚴肅的感受，後者則通俗平易。這些體現不同的風格色彩的同義表達手段，是形成語言風格的基礎，當人們為了完成不同的交際任務，就要進行不同的選擇。

　　另外還有一種具有「封閉性」的功能的語言要素，它們並不存在同義的系列，但通常固定出現於某種交際場合，例如佛教用語「般若」通常使用於特有的交際場域，且沒有與之平行的同義詞。這種在孤立狀態下亦能夠顯示風格類屬的非平行語言成分同樣值得留意。

〔註24〕參考張德明《語言風格學》（高雄：麗文出版社，1995），頁 127～128。
〔註25〕高名凱《語言論‧言語風格與言語方言》（北京：商務印書館出版，1995），頁 462。

第二節　語言使用者——司馬遷之生命經驗

前一節曾提及語言風格的形成因素包括「物質材料因素」以及「制導因素」兩種。「物質材料因素」誠如前文所述指的是風格手段，爲內部因素；「制導因素」則是指語言使用者的條件、特點和交際環境等，起著決定和制約的作用，是外部因素，此二者需相輔相成、互爲因果，方能形成語言風格。〔註26〕其體系圖可作圖示如下：

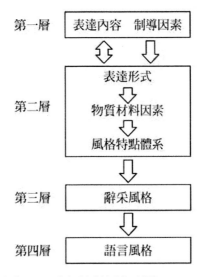

圖 2-2　語言風格體系圖〔註27〕

第一層顯示「表達內容」的確立以及各種「制導因素」；第二層「表達形式」的建構成分包括「語言要素」以及「非語言要素」兩大類，而唯有被選擇的成分才稱爲「物質材料因素」，各種物質材料組合起來，就構成作品整體的「風格特點體系」；第三層從整體表現的角度看，形成了或繁豐、或簡約、或雄健、或婉約等概括性的「辭采風格」；〔註28〕第四層表示通過此體系產生「語言風格」。

〔註26〕參考黎運漢、盛永生編，《漢語修辭學》（廣州：廣東教育出版社，2006），頁527～528。

〔註27〕圖 2-2 是根據何邦成整理的「語言風格體系圖」爲基礎，經修改而成。詳見何邦成《陸機詩歌的語言風格研究》（香港：香港中文大學，2012），頁84。

〔註28〕魏成春言：「對文學作品來說，辭采是構成語言風格的基本單位。或者說，語言風格是由辭采構成的。一種或數種辭采，可構成一種語言風格。……例如，魯迅的語言風格是『簡練、含蓄、幽默、犀利』，……而『簡練』、『含蓄』、『幽默』、『犀利』就是四種辭采。」詳見魏成春《辭采學綱要》（北京：中國社會科學出版社，2012），頁 19。

孟子早已提出「制導因素」的重要性，他的「知人論世」說成爲傳統文學批評理論中重要的一環。有關語言使用者的主觀因素對修辭和語言風格的影響，近人陳望道說：

> 由於寫說者各人的天分、氣質、性格、年齡、職業、性別、經驗、
> 學問、見解、趣味等等的不同，因而對於語言文字的可能性的利
> 用固然不能相同，對於題旨和情境的對應，更是不能一致。〔註29〕

由於所處社會環境、文化素養、人生經歷、寫作動機等條件的差異，致使每個作家對問題思考的方向、觀察所持的角度、表達方式的選擇……往往各不相侔，進而形成不同的風格特徵，因此在閱讀、解析某部作品時，不能單從內容形式看文學創作。

司馬遷體驗過耕牧生活、學問生活、遊歷生活、官僚生活以及獄中生活，他在寫作《史記》時或多或少將這些生命經驗植入其中，歷代學者在探究司馬遷風格成因時，都相當重視廣泛的生活經歷對其作品風格的直接影響。本節將從文化修養、人生閱歷、精神信仰以及生命轉折等四個方面來洞悉「司馬遷的語言風格所以是這樣的」的制導因素。

一、文化修養：家學與師承

司馬遷出身於一個具有悠久歷史的天文家兼歷史家的家庭，他之所以能夠完成《史記》這部巨作，其父親司馬談扮演著舉足輕重的地位，清人梁啓超嘗言：「遷襲父談業，爲漢太史，其學蓋有所受。」〔註30〕他對司馬遷人格特質、學術思想的養成以及撰寫史書等都有著直接的影響。司馬談「學天官於唐都，受《易》於楊何，習道論於黃子」（〈太史公自序〉，頁 3288），他通曉天文、易法，對道家學說更有著深刻的研究，其〈論六家要旨〉條理儒、墨、道、法、名、陰陽等流派，衡論得失，頗有先秦遺風。司馬談於學術的成就，即是司馬遷的教育的基礎，倘若沒有此基礎，在當時大概很不容易產生這樣的一位偉大的史學家。〔註31〕

〔註29〕陳望道《修辭學發凡》（台北：文史哲出版社，1989），頁 248。

〔註30〕〔清〕梁啓超《中國歷史研究法》，轉引自楊燕起、陳可青、賴長揚編《歷代名家評《史記》》（台北：博遠出版有限公司，1990），64。

〔註31〕參考徐復觀〈太史公的思想背景及其史學精神〉，收入黃沛榮主編《史記論文選集》（台北：長安出版社，1991），頁 13。

　　司馬遷十歲起，便開始誦讀《左傳》、《國語》、《尙書》等古文，據《漢
書・儒林傳》的記載，司馬遷曾向孔安國學習《尙書》：

> 孔氏有古文《尙書》，孔安國以今文字讀之，因以起其家逸《書》，
> 得十餘篇，蓋《尙書》茲多於是矣。遭巫蠱，未立於學官。安國爲
> 諫大夫，授都尉朝，而司馬遷亦從安國問故。（《漢書・儒林傳》，頁
> 3607）

孔安國是當時的經學博士、古文大家，司馬遷跟著他學習古文《尙書》，又從
儒學大師、今文學家董仲舒學習《公羊春秋》。他自幼便得到相當高的文化教
養和學術空氣的薰陶，爲將來纂述《史記》做準備。〔註 32〕成爲太史令後，
司馬遷「紬史記石室金匱之書」（〈太史公自序〉，頁 3296）、「厥協六經異傳，
整齊百家雜語」（〈太史公自序〉，頁 3319～3320），他博覽群書、整理古文獻
資料，吸收各家語言之長，並內化爲自己的表達形式，觀其語言，即便所述
爲秦漢前事，基本上仍是用漢時語言或改譯爲漢時語言，例如：

> 帝曰：「疇咨若時登庸？」放齊曰：「胤子朱啓明。」帝曰：「吁！嚚
> 訟可乎？」帝曰：「疇咨若予采？」讙兜曰：「都！共工方鳩僝功。」
> 帝曰：「吁！靜言庸違，象恭滔天。」……九載，績用弗成。（《尙書
> ・堯典》）

> 堯曰：「誰可順此事？」放齊曰：「嗣子丹朱開明。」堯曰：「吁！頑
> 凶，不用。」堯又曰：「誰可者？」讙兜曰：「共工旁聚布功，可用。」
> 堯曰：「共工善言，其用僻，似恭漫天，不可。」……九歲，功用不
> 成。（《史記・五帝本紀》，頁 20）

《史記》中引錄不少的先秦典籍史料，司馬遷總是把那些詰屈聱牙、生僻難
懂的古代書面語翻譯、改寫爲漢代通行的語言，這一更動，不僅方便了漢代
人們閱讀，乃至後代人也更能夠理解意涵，形成了《史記》用詞「平易」的
特徵。如若不是對古文相當稔熟以及對所處時代的語言文字準確掌握，是無
法做到如此程度的替換。〔註 33〕司馬遷對語言的轉譯，可以說是自幼對古文
學習的結晶。

〔註32〕林珊湘《《史記》「太史公曰」之義法研究》（台北縣：花木蘭文化出版社，2006），
　　　　頁 14。
〔註33〕參考楊丁友《《史記》寫作文化研究》（成都：四川大學出版社，2009），頁 301。

二、人生閱歷：壯遊與出使

　　據〈太史公自序〉記載，司馬遷二十歲的時候出走關中，開始人生第一次的壯遊；三十五歲任郎中時奉使西征，開始了第二次的遊歷：

> 二十而南游江、淮，上會稽，探禹穴，闚九疑，浮於沅、湘，北涉
> 汶、泗，講業齊、魯之都，觀孔子之遺風，鄉射鄒、嶧，戹困鄱、
> 薛、彭城，過梁、楚以歸。於是遷仕爲郎中，奉使西征巴、蜀以南，
> 南略邛、筰、昆明，還報命。（〈太史公自序〉，頁3293）

司馬遷遊歷名山大川，拜訪聖人先哲之遺跡，沿途蒐集許多軼事，體驗文化習俗，同時學習各地特有的方言，就當時而言，司馬遷的足跡可說是踏遍了全國，詳見圖2-3（經廣陵爲二十歲壯遊路線、經昆明爲奉使西征路線、經五原郡爲泰山封禪路線）：

圖2-3　司馬遷壯遊、出使路線圖　　　資料出處：中國文化研究院

這幾次的壯遊與出使對他寫作《史記》影響甚大，體現於史料蒐集、文字語言、文章氣勢等方面，許多評論家、史學家對此都有所論述，例如宋人馬存於〈贈蓋邦式序〉中，對友人蓋邦式談到了周遊天下的閱歷對司馬遷性情的陶冶，以及形成多樣文章風格的影響：

> 子長生平喜游，方小年自負之時，足跡不肯一日休，非直爲景物役
> 也，將以盡天下大觀以助吾氣，然後吐而爲書。觀之則其平生所嘗

游者皆在焉。南浮長淮泝大江，見狂瀾驚波，陰風怒逆，號走而橫
擊，**故其文奔放而浩漫**；望雲夢洞庭之陂，彭蠡之瀦，含混太虛，
呼吸萬壑，而不見介量，**故其文停蓄而淵深**；……講業齊魯之都，
觀夫子之遺風，鄉射鄒嶧，彷徨乎汶陽洙泗之上，**故其文典重溫雅，
有似乎正人君子之容貌**。〔註34〕

他認為司馬遷的文章所以有著「奔放浩漫」、「停蓄淵深」、「典重溫雅」等風
格都與周遊各地息息相關。這個分析既點出司馬遷文章的風格豐富多采，不
主一家，也揭示了不同風格賴以產生的客觀因素。

　　司馬遷經常採用當時民間流傳使用的諺語、方言、民謠等，說明他在漫
游全國時學習、蒐集了不少人民口頭的生動語言，〔註35〕例如〈張耳陳餘列
傳〉：「吾王孱王也。」《集解》：「冀州人謂懦弱為『孱』」（頁 2583），這裡用
冀州方言「孱」不僅增強所錄歷史的真實性，同時也表現出「質而不俚」的
風格；又例如〈淮陰侯列傳〉引用諺語：「狡兔死，良狗亨；高鳥盡，良弓藏；
敵國破，謀臣亡。」（頁 2627）正是這些民間話語的使用，形成《史記》「通
俗」的特點。

　　總地說來，司馬遷無論是十歲誦古文，或者是二十歲壯遊之旅，與他的
父親都不無關係。司馬談自身卓越的學問、精心的栽培替司馬遷作《史記》
奠定了良好的基礎，顧頡剛曾言：

　　　　他生值漢家全盛時代，又有很好的家學，又居了全國文化中心的官
　　　　職，再加以好游歷的習性，親見過許多歷史遺蹟，民情風俗，於是
　　　　「網羅天下放失舊聞」，寫成了一部空前的著作──《史記》。〔註36〕

由是可見，《史記》所以能取得成功，與其良好的家庭教育、幾次遊歷全國等
密切相關。

三、精神信仰：孔子與《春秋》

　　先秦諸子中，對司馬遷影響甚大的莫過於孔子，在思想、用語等各方面
都有所承襲，他更效法孔子修《春秋》著作《史記》。司馬遷曾云：

〔註34〕〔宋〕馬存〈贈蓋邦式序〉，轉引自〔明〕凌稚隆輯校，有井範平補標《史記
　　　　評林・卷首》（台北：地球出版社，1992），頁 123～124。
〔註35〕陸永品〈司馬遷傳記文學藝術成就簡論〉，附錄於瀧川龜太郎《史記會注考證》
　　　　（台北：萬卷樓圖書股份有限公司，1993），頁 1471～1472。
〔註36〕顧頡剛《古史辨（第七冊）・戰國秦漢間人的造偽與辨偽》（台北：藍燈文化
　　　　事業股份有限公司，1993），頁 46。

先人有言：「自周公卒五百歲而有孔子。孔子卒後至於今五百歲，有
能紹明世，正《易傳》，繼《春秋》，本《詩》、《書》、《禮》、《樂》
之際？」意在斯乎！意在斯乎！小子何敢讓焉。（〈太史公自序〉，頁
3296）

孟子嘗說五百年必有王者興，從周公至孔子正好五百年，而孔子到司馬遷也
恰是五百年，此段話裡，即可見司馬遷以孔子接班人自居，更暗擬《史記》
為第二部《春秋》。司馬遷如此重視《春秋》不僅是先人的遺命，更由於李
陵之禍讓他們在精神上接軌，「七年而太史公遭李陵之禍，幽於縲絏……孔
子厄陳蔡，作《春秋》」（〈太史公自序〉，頁 3300），他們皆是內心有「憤」
之人。

《春秋》載春秋二百四十二年間的「史事」，其主要意圖並非單純記錄歷
史，而是欲透過這段歷史事實、歷史實例，來對社會進行批判，同時表達自
身的社會理想：

世以混濁莫能用，是以仲尼干七十餘君無所遇，曰「苟有用我者，
期月而已矣」。西狩獲麟，曰「吾道窮矣」。故因史記作《春秋》，
以當王法，以辭微而指博，後世學者多錄焉。（〈儒林列傳〉，頁
3115）

這段話不只寫出《春秋》的寫作動機與目的，亦點出其文辭簡約而內涵豐富
的特徵；司馬遷著《史記》也不單是為述史，更有著「善善惡惡，賢賢賤不
肖」的抱負，甚至自許能夠達到「成一家之言」的成就。孔丘嚴格選用字詞
以顯褒貶、善惡的筆法給予司馬遷莫大的啟迪，他繼承《春秋》以一字寓褒
貶，並將這諷刺手法加以發展，具體做法是寓論斷於敘事，[註37] 運用曲筆、
側筆在敘事當中把事實、道理擺得足夠充分，引導讀者得出作者預想中的結
果或不願公開的態度，營造出「含蓄」的風格特徵。

司馬遷不只一次評《春秋》「辭微」，〈十二諸侯年表〉：「約其辭文，去其
煩重」（頁 509），又〈孔子世家〉：「約其文辭而指博」（頁 1943），司馬遷既
承襲了《春秋》筆法，自然也繼承「辭微」的特性。後世史家多認為《史記》
是「簡約」之作，例如司馬貞《史記索隱後序》稱其「詞省」、「事覈而文微」

[註37] 顧炎武：「古人作史，有不待論斷，而于敘事之中即見其旨意者，惟太史公能
之。」詳見〔清〕顧炎武《顧炎武全集·日知錄·卷二十六》（上海：上海古
籍出版社，2011），頁 979。

〔註 38〕；南宋洪邁頗爲稱讚太史公語言「簡妙」〔註 39〕等，足見《春秋》對《史記》的影響不僅止於思想概念，還有雋永、簡約的語言風格。

四、生命轉折：李陵之禍

　　天漢二年（西元前 99 年），李陵出征匈奴，在矢盡糧絕又寡不敵眾的情形下投降匈奴，此事一傳回京城，武帝大怒，朝廷裡平時對李陵極盡阿諛奉承的文武百官，此時紛紛落井下石，大罵李陵叛國可恥，然平日裡與李陵並不熟稔的司馬遷，卻在此時替李陵辯駁，根據司馬遷在〈報任安書〉的自述，這是出於對李陵的欣賞，認爲他有「國士之風」：

> 夫僕與李陵俱居門下，素非能相善也。趣舍異路，未嘗銜杯酒，接慇懃之餘懽。然僕觀其爲人，自守奇士：事親孝，與士信，臨財廉，取與義，分別有讓，恭儉下人，常思奮不顧身，以徇國家之急。……夫人臣出萬死不顧一生之計，赴公家之難，斯已奇矣。
> 〔註 40〕

司馬遷出於好奇、愛才〔註 41〕之心替李陵辯護，卻因此開罪於武帝而下獄，後更被處以極不人道的腐刑。這次的體驗非常深刻，讓他認清了專制政權的腐敗黑暗以及人情冷暖，心境發生了劇變：司馬遷初任太史令時，「日夜思竭其不肖之才力，務一心營職，以求親媚於主上」（〈報任安書〉，頁 913），他對仕宦表現出熱情，一心只想一展長才；李陵之禍後，遭受腐刑的司馬遷自言「所以隱忍苟活，幽於糞土之中而不辭者，恨私心有所不盡，鄙陋沒世，而文采不表於後也」（〈報任安書〉，頁 918）所以不肯就死，實由於《史記》草創未就，他必須發憤以著書。

　　李陵之禍讓司馬遷的身心遭受極大折磨，他不只心境上產生轉變，更不斷地在腦海裡重新構思《史記》的內容、表現方法以及基本色彩與情調。

〔註 38〕〔唐〕司馬貞〈史記索隱後序〉，收入〔明〕凌稚隆輯校，有井範平補標《史記評林》（台北：地球出版社，1992），頁 33。

〔註 39〕〔南宋〕洪邁《容齋隨筆・史記簡妙處》（北京：中國社會科學出版社，2004），頁 2012。

〔註 40〕司馬遷〈報任安書〉，收入王力主編《古代漢語第 3 冊》（北京：中華書局，2004），頁 913。

〔註 41〕此處的「好奇」是指奇才、奇事等，李長之謂：「司馬遷愛一切奇，而尤愛人中之奇。人中之奇，就是才。司馬遷最愛才。司馬遷常稱他愛的才爲奇士。」詳見李長之《司馬遷之人格與風格》（台北：里仁書局，2008），頁 104。

〔註 42〕他偏好描寫悲劇人物，尤其是那些忍辱發憤的傳主，敘述裡總或濃或淡地散發出他本人的身世之感，古今許多評論家都指出《史記》裡潛藏了司馬遷的主觀情感，呂祖謙稱其「寄興悠長」，〔註 43〕范文瀾則說「辭多寄託」〔註 44〕，而美國漢學家蒲安迪（Andrew H. Plaks）更明確地指出：

> 看《史記》中的列傳，我們會覺得許多地方隱隱約約有司馬遷的聲音，這種聯繫到他自身的悲劇而發出的發憤的聲音，反映了司馬遷特殊的口吻，從字裡行間透露出他對歷史事件的獨特而深刻評價。〔註 45〕

《史記》既然是司馬遷帶著強烈情感、鮮明愛憎、寄託理想的產物，勢必會通過物質材料因素表現出來，形成特有的語言風格。

根據以上分析，《史記》風格成素的系統大致可圖示如下：

圖 2-3　《史記》風格成素圖

受到文化修養、人生閱歷、精神信仰以及生命轉折等制導因素的影響，語言使用者——司馬遷在表達形式中選擇合適的、能凸顯意圖的物質因素，構成作家作品的辭采風格，諸如：「平易」、「質樸」、「通俗」、「含蓄」、「簡約」

〔註 42〕參考朴宰雨《〈史記〉〈漢書〉比較研究》（北京：中國文學出版社，1994），頁 32。

〔註 43〕呂祖謙曾嘆《史記》書法之奧妙，他說道：「太史公之書法，豈拘儒曲士所能通其說乎？其指意之深遠，寄興之悠長，微而顯，絕而續，正而變，文見於此，而起意在彼，有若魚龍之變化，不可得而蹤跡者矣。讀是書者，可不參考互觀以究其大指之所歸乎？」詳見〔明〕凌稚隆輯校，有井範平補標《史記評林‧卷首》（台北：地球出版社，1992），頁 116～117。

〔註 44〕范文瀾於註著中提及：「史遷為紀傳之祖，發憤著書，辭多寄託。」詳見〔梁〕劉勰著，范文瀾註《文心雕龍注‧史傳》（台北：學海出版社，1991），頁 304。

〔註 45〕〔美〕蒲安迪《中國敘事學》，轉引自陳曦《〈史記〉與周漢文化探索》（北京：中華書局，2007），頁 70。

等，這一個系統的總和即是《史記》的語言風格。必須說明的是，影響《史記》風格形成的制導因素不僅止這幾項，並且，個別經歷也不是僅對應單項風格，它們是相互交錯下形成的。

第三章 《史記》亂臣篇章虛詞的風格表現

　　古代漢語虛詞的數量雖然不比實詞多，但卻經常使用。虛字對於構架句式以及語氣的連接、轉折、頓挫、舒緩等都有著十分重要的作用，清代袁仁林說：「較字之虛實，實重而虛輕，主本在實也；論辭之暢達，虛多而實少，運實必虛也。」〔註1〕實詞偏重於表達，是主體，然而爲文卻不能不使用虛詞，虛詞不僅能夠使文章流暢，更能展現出口氣，所謂「口吻者，神情聲氣也」，〔註2〕一般人容易忽略虛字的重要性，但從虛字的使用卻能一探文之工拙，擅於作文者，往往能夠精確地發揮虛字的妙用。

　　因史著的形式，《史記》在語言修辭的運用上受到很大限制，但司馬遷憑藉著出色的表達能力，使《史記》的語言氣勢流暢，聲調鏗鏘圓潤，人物口吻維妙維肖，這其中，虛詞的巧妙運用尤爲重要。歷代學者多有論及司馬遷對虛詞的掌握，例如李長之提及司馬遷尤其擅長運用虛字；〔註3〕楊樹增認爲《史記》虛詞的運用較過去的著述成功；〔註4〕許璧曾言：「司馬遷行文，善於傳神，傳神之要，尤重虛詞之運用」。〔註5〕由此看來，虛詞在《史記》有著舉足輕重的地位，實有加深探討的價值。

〔註1〕〔清〕袁仁林《虛字說》（北京：中華書局，1985），頁44。
〔註2〕〔清〕袁仁林《虛字說》（北京：中華書局，1985），頁41。
〔註3〕參考李長之《司馬遷之人格與風格》（台北：里仁書局，2008），頁329。
〔註4〕參考楊樹增《史記藝術研究》（北京：學苑出版社，2004），頁330。
〔註5〕許璧《史記稱代詞與虛詞研究》（台北：國立台灣師範大學歷史研究所博士論文，1975），頁697。

第一節　虛詞的定義及分類

虛詞的探討早在先秦時期就萌芽了，〔註6〕到了宋代開始使用「實詞」、「虛詞」這兩個專名。研究虛詞的專著以元代盧以緯的《語助》初具規模，清代劉淇的《助詞辨略》和王引之的《經傳釋詞》則取得了較大成績，但是，這些著作都是作為經學的附庸而存在的，它們都是運用傳統訓詁學的方法來研究虛詞，對虛詞的語法作用解釋的不那麼清楚。〔註7〕直至馬建忠借鏡拉丁文的語法，有系統的建構出一套古漢語的語法書──《馬氏文通》，這之後中國才進入現代語言學研究時期。

漢語語法界對虛詞的定義標準不一，分類也有所不同。目前實詞、虛詞基本可分為從意義劃分、以功能區別兩種論點。

一、從意義劃分詞類

此論點當以《馬氏文通》為代表。馬建忠從漢語傳統對虛、實詞的理解出發，並結合西方的語法理論來劃分詞類，《馬氏文通‧序》：「凡字有義理可解者，皆曰實字……凡字無義理可解而惟用以助辭氣不足者曰虛字。」〔註8〕又於〈正名篇〉：「凡字有事理可解者，曰實字。無解而惟以助實字之情態者，曰虛字。」〔註9〕他提出可以解釋的是實字，而無法解釋只能與實字相配合以呈情態的是虛字。

王力〈中國語法理論〉亦將詞分為實詞、虛詞：

> 凡本身能表示一種概念者，叫做實詞；凡本身不能表示一種概念，但為語言結構的工具者，叫做虛詞。實詞的分類，當以概念的種類為根據；虛詞的分類，當以其在句中的職務為根據。〔註10〕

> 虛詞既然對於實物無所指，則拿概念為分類的標準是不可能的；他們既是語法成分，離了句子他們是不存在的，完全沒有生命的，

〔註6〕例如《墨子‧經說上》已有對虛字的初步描述：「說且。自前曰且，自後曰已，方然亦且。」詳見吳毓江撰，孫啓治點校《墨子校注》（北京：中華書局，1993），頁472。

〔註7〕參考楊樹達著，王術加、范進軍校注《詞詮校注》（長沙：岳麓書社，1996），頁1。

〔註8〕〔清〕馬建忠《馬氏文通》（北京：商務印書館，2004），頁11。

〔註9〕〔清〕馬建忠《馬氏文通》（北京：商務印書館，2004），頁19。

〔註10〕王力《王力文集‧第一卷》（濟南：山東教育出版社，1984），頁20～21。

所以我們只好以其在句中的職務爲根據，去分別它們的種類了。
〔註11〕
他認爲實詞表示「詞彙意義」，而虛詞表示「語法意義」，將其從句子中抽離則不存在，這一論點對虛詞定義的探討產生了很大的影響，許世瑛亦於著作中提出實詞能表示一種概念，而虛詞只作爲語言結構工具的說法。〔註12〕然而，虛字並非沒有意義，只是那些意義比較薄弱，但是它們可以幫助實詞來表達我們的思想，以有無「義理」、「概念」爲準則不僅否定了虛詞有意義的客觀事實，還容易造成分類混淆的問題，例如有學者將代詞、副詞歸爲實詞，有些則否，王力甚至另闢「半實詞」來容納副詞，以「半虛詞」來涵蓋代詞、繫詞，〔註13〕顯示出從意義劃分的不足。

二、以功能區別詞類

以功能區別實詞、虛詞的標準爲「是否能單獨充當句子成分」。陳望道《文法簡論》：

> 文法上詞分虛實必須從組織上著眼，即從功能上區分。依照功能觀點，實詞是在組織上能夠獨立自主的，也就是說它能夠單獨做句子成分的，可以稱爲「自立詞」；虛詞是在組織上不能獨立自主的，必須依附實詞才能成一節次的，可以稱爲「他依詞」。我們是主張這種觀點的。〔註14〕

何金松《虛詞歷時詞典》亦從功能劃分，並說的更爲具體：

> 句子中的某個詞，能獨立充當句子成分，做主語、謂語、賓語、定語、狀語、補語，是實詞；不能獨立充當句子成分，不能做主語、謂語、賓語、定語、狀語、補語，只起輔助作用完成語法結構和語句意義的，是虛詞。〔註15〕

〔註11〕王力《王力文集‧第一卷》（濟南：山東教育出版社，1984），頁21。
〔註12〕許世瑛認爲：「凡本身能表示一種概念的，是實詞。凡本身不能表示一種概念，但爲語言結構的工具的，是虛詞。」參考許世瑛《中國文法講話》（台北：台灣開明書店，1998），頁30～34。
〔註13〕參考王力《中國現代語法》（香港：中華書局，2002），頁17。
〔註14〕陳望道《文法簡論》，轉引自何金松《虛詞歷時詞典》（武漢：湖北人民出版社，1994），頁9。
〔註15〕何金松《虛詞歷時詞典》（武漢：湖北人民出版社，1994），頁10。

陳、何二人都主張要根據詞在句子中的作用這一標準來劃分，能獨立作主語、賓語、定語、狀語、補語的是實詞，反之則爲虛詞。

　　目前語法書籍對於實詞、虛詞的劃分，大多採取意義和功能相互配合的判斷標準，研究者綜合兩派說法，認爲既有比較實在的詞彙意義，又有語法意義能夠單獨充當句子成分的是實詞；而詞彙意義較薄弱，偏重語法意義，一般不能單獨充當句子成分的是虛詞。在分類的方面，本文根據何金松《虛詞歷時詞典》將虛詞劃分爲副詞、介詞、連詞、助詞、語氣詞、嘆詞六類。

第二節　《史記》亂臣篇章的虛詞

　　文評家常說某人的文章，氣勢如何如何，究其原因，義理固然重要，文字的聲律和虛字的活用，也是不容忽視的因素。《史記》的虛字，無論是數量、種類抑或是技巧，相較於先秦文獻典籍總的看來有長足的發展，劉大櫆《論文偶記》說：「上古文字初開，實字多，虛字少……至先秦戰國，更加疏縱。漢人斂之，稍歸勁質，惟子長集其大成。」〔註16〕司馬遷在虛詞使用方面堪稱集大成者，何樂士於研究中指出《史記》相較於《左傳》而言，虛詞的分工趨於明確，用法也逐步規範，且狀語的內容十分豐富；〔註17〕吳慶峰的研究顯示《論衡》的虛詞系統簡化，假借減少，和《史記》虛詞相比，總量有所減少。〔註18〕根據兩人的研究成果，大抵可以看出虛詞在秦漢時期發展變化的軌跡，亦能證明劉大櫆所謂的「惟子長集其大成」。當然《史記》的風格不能單憑虛詞來做定論，不過其虛詞數量之多、用法之豐，已足形成獨特的風格，有其值得注意之處。

　　《史記》亂臣篇章的虛詞除獨立發揮作用外，還彼此關聯。本節將從兩個方面進行考察：首先，分別探討副詞、介詞、連詞、助詞、語氣詞以及嘆

〔註16〕〔清〕劉大櫆《論文偶記》，收入郭紹虞、羅根澤編《中國古典文學理論批評專著選輯》（北京：人民文學出版社，1959），頁8～9。

〔註17〕參考何樂士《〈史記〉語法特點研究》（北京：商務印書館，2005），頁86、262。

〔註18〕《論衡》和《史記》虛詞的大類沒有變化，但各類虛詞的數量及其同義詞或用法皆有變化。變化主要是時間、文體、個人用字習慣等因素所造成，整體來說《論衡》的虛詞較《史記》分工明確、系統簡化、假借減少、總量減少、雙音節虛詞增加等。詳見吳慶峰〈《論衡》虛詞與《史記》虛詞之比較研究〉，《山東師範大學（人文社會科學版）》第56卷第6期（2011年），頁99～102。

詞〔註19〕在《史記》亂臣篇章的運用；其次，通過敘述語言、人物語言、論贊語言對虛詞的安排，從數量上的差異分析《史記》亂臣篇章的文體特徵。〔註20〕由於虛詞的定義龐雜且數量繁多，所論難免有不全之處。

一、副詞的運用

副詞是說明、修飾或限制事物的動作或性質的詞，由於古漢語中動詞謂語句占絕對優勢，與這種情況相應，副詞也比較多。可分為程度副詞、範圍副詞、時間副詞、情態副詞、否定副詞、語氣副詞、謙敬副詞等 7 個次類，其分布及運用總體情況詳見下表：

表 3-1　《史記》亂臣篇章副詞總表

	程度副詞（15 個）	常、多、甚、深、良、久、特、絕、至、益、愈、大、難、易、頗
亂臣篇章的副詞	範圍副詞（17 個）	盡、悉、一、勝、咸、俱、具、皆、並、并、共、同、相、獨、唯（惟）、徒、各
	時間副詞（28 個）	方、今、已、嘗（常）、故、將、且、初、始、先、終、竟、卒、後、遂、乃（迺）、即、輒、復、數、又、再、次、亦、稍、徐、疾、畢
	情態副詞（13 個）	誠、實、果、必、固、本、顧、素、竟、反、直、宜、當
	否定副詞（10 個）	不、弗、無、莫、非、未、否、毋、休、勿
	語氣副詞（6 個）	安、胡、寧、豈、殆、尚
	謙敬副詞（2 個）	竊、敬

（一）程度副詞

程度副詞用以表示動作行為、性質或狀態所達到的不同程度。例如：

〔註19〕各類虛詞的劃分以及語法功用主要依據何金松《虛詞歷時辭典》以及何樂士、敖鏡浩、王克仲、麥梅翹、王海棻編《古代漢語虛詞通釋》，並酌參《助詞辨略》、《詞詮》、《古書虛字集釋》、《文言虛詞》、《古代漢語虛詞詞典》、《漢語語法（文言篇）》等相關書籍。研究者所以選用《古代漢語虛詞通釋》，原因有二：其一，收詞齊備，所收虛字共 639 個（包括異體字在內），收詞量超過了以前所有的虛詞專著（《助詞辨略》476 個、《詞詮》532 個）。其二，標示從屬詞類、指明虛詞在句子結構中的位置以及其他成分之間的關係。

〔註20〕根據「中央研究院漢籍電子文獻資料庫」統計。詳見中央研究院歷史語言研究所《漢籍電子文獻資料庫》，瀏覽日期：2013 年 12 月 3 日。網址：http://hanchi. ihp.sinica.edu.tw/ihp/hanji.htm

1. 項梁涉淮而西，擊景駒、秦嘉等，布常冠軍。(〈黥布列傳〉，頁
   2598)

2. 高祖爲布衣時，有吏事辟匿，盧綰常隨出入上下。(〈韓信盧綰列
   傳〉，頁2637)

「常」用來表示情況的持續性、一貫性，亂臣篇章中副詞「常」的使用多集
中於黥布與盧綰，然而兩人所強調的行爲、狀態卻大有不同，劉辰翁評論〈黥
布列傳〉說：「曰布嘗冠軍，曰常爲軍峰，曰楚兵常勝，功冠諸侯，以布數以
少敗眾也，皆於敘事中提掇其功。」〔註21〕無論是例1「布常冠軍」抑或是後
文的「楚兵常勝」、「布常爲軍鋒」，皆以副詞「常」來呈顯黥布拔得頭籌的持
續性。〈韓信盧綰列傳〉的「常」字多使用在盧綰陪伴劉邦左右的語句，如例
2「盧綰常隨出入上下」以及「常侍中」、「太尉常從」、「太尉長安侯盧綰常從
平定天下」等，標誌出盧綰跟隨劉邦的一貫性。

3. 漢七年，高祖從平城過趙，趙王朝夕袒韝蔽，自上食，禮甚卑，

   有子婿禮。高祖箕踞詈，甚慢易之。(〈張耳陳餘列傳〉，頁2583)

「甚」經常用於動詞、形容詞之前，表示程度之深，例3第一個「甚」強調
張敖恭敬的程度，第二個「甚」凸顯劉邦的無禮，連續使用程度副詞「甚」
來達到鮮明的對比。

4. 淮南王至，上方踞牀洗，召布入見，布甚大怒，悔來，欲自殺。

   (〈黥布列傳〉，頁2602)

副詞「大」亦表示程度高，例4「甚大」連用，修飾心理動詞「怒」，呈顯出
強烈的心理感受，當黥布拜見劉邦時，他正坐在床上，曲腿洗腳，黥布深感
不受尊重，憤怒異常。從例3、例4可以發現司馬遷藉由動作行爲的描寫，層
層堆疊出劉邦不禮賢下士的形象，而虛詞的使用具有強調、放大的作用，無
論是「禮甚卑」、「甚慢易」或「甚大怒」，都是司馬遷透過人物的言行、情緒
來諷刺劉邦，並帶著自身強烈的感情。〔註22〕

〔註21〕〔明〕凌稚隆輯校，有井範平補標《史記評林‧魏豹彭越列傳》(台北：地球
       出版社，1992)，頁2192。

〔註22〕程維認爲：「『人而無禮，不死何爲？』司馬遷對劉邦的流氓氣是一貫諷刺的。
       此『甚大怒』帶著司馬遷強烈的感情。」詳見程維《史記》重言虛詞研究〉，
       《佳木斯大學社會科學學報》第28卷第3期(2010年6月)，頁56。

5. 夫人深親信我，我倍之不祥，雖死不易。（〈淮陰侯列傳〉，頁2622）

例5韓信以「人深親信我」來描述劉邦對自己的態度，用副詞「深」提升「親信」的程度，顯示劉邦對自己的厚愛程度，堆砌出「倍之不祥」的重量。

6. 張耳是時脫身游，女家厚奉給張耳，張耳以故致千里客。乃宦魏為外黃令。名由此益賢。（〈張耳陳餘列傳〉，頁2571）

7. 語頗泄，辟陽侯聞之，歸具報上，上益怒。（〈韓信盧綰列傳〉，頁2639）

副詞「益」表示程度比以前更進一步加深，情況有進一步發展，例6意指張耳的名聲從此更加大起來；例7盧綰稱病不前去覲見劉邦，左右親信皆逃亡、藏匿，同時盧綰說的話傳到劉邦耳裡，於是劉邦更加的憤怒。

8. 張耳之國，陳餘愈益怒。（〈張耳陳餘列傳〉，頁2581）

副詞「愈」用於形容詞、動詞前，表事物性質、狀況由於某種原因而加深、加重，「愈」與「益」還能構成雙音節虛詞「愈益」，例8「愈益」無論在表達程度或是故事鋪陳方面，都是單獨一個「愈」或「益」所不能替代的。表達程度方面，「愈益」表現出「怒」的程度之深，陳餘的怒火躍然紙上，敘述具有張力；而就故事鋪陳來說，「愈益」有強烈而舒緩的時間推進感，從「（陳餘）亦望張耳不讓」到「由此，陳餘、張耳遂有郤」再到「愈益怒」，描述出一場友情逐漸破裂的過程，「愈益怒」三個字將負面情緒堆疊到最高潮，直指兩人友誼的結局，同時也顯露了陳餘心胸的狹小。〔註23〕

9. 漢王默然良久，曰：「不如也。」（〈淮陰侯列傳〉，頁2612）

程度副詞「良」表示程度之甚，用以修飾「久」，表現出時間的久暫。〔註24〕

《史記》全書表示時間久暫的副詞非常豐富，王卯根認為在司馬遷筆下，這類副詞不僅用在記述客觀的時間範疇，更經常表達對時間的誇張，這種時間副詞的主觀反向誇張用法〔註25〕是司馬遷刻劃人物形象和傾注主觀情感的修

〔註23〕參考程維〈《史記》重言虛詞研究〉，《佳木斯大學社會科學學報》第28卷第3期（2010年6月），頁55～56。

〔註24〕王卯根將「良久」視為時間副詞，然本文是從「良」字著眼，故將其置於程度副詞論述，《虛詞歷時詞典》、《古漢語虛詞詞典》、《《史記》虛詞通釋》等書籍都用「表示程度之甚／多／高」來說明「良」字，並且其所舉詞句中亦可見「良久」連用的例子。

〔註25〕「時間副詞反向誇張用法」是指有些時間副詞表現出與固有的記時含義、具體語境截然相反的時間範疇，其字面意義與句中所反應的實際時段彼此背離，表長久的概念與表短暫的概念相互倒掛。王卯根認為，無論是描寫歷史

辭手段。例 9 韓信仍在等待劉邦的回應，按照常理，劉邦不可能長時間的沉默，「良久」誇大「默然」在時間上的長度，不僅有著強調沉默行為的效果，而且具有深化沉默行為過程中內心活動的作用，韓信所提出的問題毫無疑問地觸及劉邦的自尊心，他不願回答，卻又不得不同答，「良久」誇張對話的時間間隔，等同於將劉邦心理活動的過程延長，使劉邦當時複雜心態得以充分展示。本不算長久的時間，司馬遷用「良久」加以誇飾，描摹人物在語境中的時間感受，從而折射出內心世界。

（二）範圍副詞

範圍副詞表示動作行為發生的範圍、事物的大小或人員的多寡等，可分為「總括大範圍」和「限制小範圍」兩種。「總括大範圍」的範圍副詞，如：皆、具、悉、一、相、俱。

    1. 往年春，漢族淮陰，夏，誅彭越，**皆**呂后計。（〈韓信盧綰列傳〉，頁 2638）

副詞「皆」通常用於動詞或名詞謂語前方，統括所提人物、事件的全體，例 1「皆」置於名詞謂語前，意指韓信、彭越的冤死與慘死全都是呂后的計謀，沒有例外。劉邦生前，呂后積極推動「劉氏天下」的計畫，絲毫不落劉邦之後，從「非盡族是，天下不安」（〈高祖本紀〉，頁 392）即可看出擊秦滅楚立漢的功臣一日不除，劉邦、呂后的心不安，所謂的謀反完全是欲加之罪。〔註26〕

    2. 上賢貫高為人能立然諾，使泄公**具**告之。（〈張耳陳餘列傳〉，頁 2585）

    3. 豨還之代，周昌迺求入見。見上，**具**言豨賓客盛甚，擅兵於外數歲，恐有變。（〈韓信盧綰列傳〉，頁 2640）

亂臣篇章的範圍副詞「具」皆用於言說類動詞（包括「道、告、言、說」等）之前，意謂說話人將已知事情向聽話人全盤說出，由於使用「具」，使得動作

人物的心理活動，還是表現自我心理體驗或特定思想感情，《史記》都充滿著主觀色彩，因此將《史記》時間副詞反向誇張的現象稱之為時間副詞的主觀反向誇張用法，而將時間副詞的一般使用現象稱之為客觀描寫用法。詳見王卯根〈《史記》時間副詞的反向誇張用法〉，《修辭學習》第 2 期（2009 年），頁 73～74。

〔註26〕 參考林裕斌《漢初異姓諸侯王研究》（高雄：國立中山大學中國文學系碩士論文，2007），頁 189。

行為遍及事情的全面，加強了事情的程度，例3「具言豨賓客盛甚」若改作「言豨賓客盛甚」，後者賓客盛甚的程度就不若前者高。

　　4. 所以不死一身無餘者，白張王不反也。(〈張耳陳餘列傳〉，頁2585)

　　5. 一市人皆笑信，以爲怯。(〈淮陰侯列傳〉，頁2610)

「一」作爲範圍副詞時，用以統括主語，沒有例外。例4「一」用於名詞前，指全身，這裡使用「一」加強了全體性，試比較「一身無餘者」與「身無餘者」，前者給人的印象更爲強烈，無論是「一身」還是「無餘」都強調著全身上下沒有一處是完好的。例5「一市人皆笑信」指全市的人都嘲笑韓信膽怯，後文的「一軍皆驚」則指全軍的人都感到吃驚，司馬遷連續使用總括大範圍的副詞「一」、「皆」杜絕例外，藉由嘲笑、訝異的人數，反襯出韓信的與眾不同，呼應了論贊提及的「其志與眾異」。

　　前所舉諸例是用以表示全體的範圍副詞，可譯爲全部、完全，而副詞「相」、「俱」則表示共同、互相，意義與使用上卻有些微的不同。

　　6. 張耳與陳餘相見，責讓陳餘以不肯救趙……(〈張耳陳餘列傳〉，頁2580)

　　7. 餘年少，父事張耳，兩人相與爲刎頸交。(〈張耳陳餘列傳〉，頁2571)

「相」用在謂語前表示所敘述的事情關係著不同的主體。例6謂語「見」的施動者分別是張耳、陳餘兩個主體，副詞「相」聯繫這兩人；例7「相與」連用，意指兩人互爲刎頸之交。

　　8. 張耳、陳餘乃變名姓，俱之陳，爲里監門以自食……(〈張耳陳餘列傳〉，頁2572)

範圍副詞「俱」用以統括主語，例8從「俱」的使用可以看出前往陳國是張耳、陳餘這兩個不同主體的共同動作。吳見思說：「寫耳、餘刎頸交，用多少『兩人』字！若天生兩人，膠漆相固，形影相比，終天地而不可離者，而孰知其如此哉！」〔註27〕事實上，司馬遷不僅以「兩人」來凸顯張、陳情誼，他亦頻繁地使用範圍副詞「相」、「俱」來連繫張耳、陳餘的關係，展示兩人互爲刎頸之交。〈張耳陳餘列傳〉裡嘗使用的範圍副詞共67例，其中表示「大範圍」的副詞就有54例。

〔註27〕〔清〕吳見思《史記論文》(台北：中華書局，1967)，頁488。

「小範圍」的範圍副詞包括：獨、唯（惟）、特。例如：

9. 十餘人皆爭自剄，貫高**獨**怒罵曰：「誰令公爲之？今王實無謀，而幷捕王；公等皆死，誰白王不反者！」（〈張耳陳餘列傳〉，頁 2584）

10. 當是時，臣**唯獨**知韓信，非知陛下也。（〈淮陰侯列傳〉，頁 2629）

範圍副詞「獨」有僅僅、只有的意思，例 9 當所有人都爭相自剄，唯有貫高怒罵眾人，在這個段落裡司馬遷接連使用四個「獨」字：「獨身坐耳」、「獨怒罵」、「獨吾屬爲之」、「獨吾等爲之」，不僅具見貫高義不辱的氣象，[註28]同時也將張敖除於事件之外。例 10「獨」與「唯」連用構成「唯獨」，具有推進、加強意義的作用，極言韓信的能力、聲望凌駕於劉邦之上，甚至到了不知有劉邦的境地。

11. 雖蕭曹等，**特**以事見禮，至其親幸，莫及盧綰。（〈韓信盧綰列傳〉，頁 2637）

「特」作範圍副詞是將動作行爲限制在一定範圍裡頭，例 11 劉邦只有在問事的時候才以禮待蕭何、曹參，將「禮」圍限在「事」這一前提，司馬遷通過蕭曹二人來襯托出盧綰的特殊性。

（三）時間副詞

時間副詞表示動作行爲或事件發生的時間、速度、次數或頻率。例如：

1. 諸將獨患淮陰、彭越，**今**皆已死，餘不足畏也。（〈黥布列傳〉，頁 2606）

2. 君王能出捐此地許二人，二人**今**可致；即不能，事未可知也。（〈魏豹彭越列傳〉，頁 2593）

「今」表示說話的當時，常用來構成前、後文意思的轉折，例 1 漢將之中，黥布只怕韓信、彭越，緊接著用「今」讓話鋒一轉，意指如今這兩個人都死了，其他人不足以畏懼，遂起兵叛漢。「今」還可假設事情即將發生，譯爲就、馬上，例 2 意指若劉邦能夠分封彭越、韓信，那麼這兩人就會前來相救。

3. 假令韓信學道謙讓，……不務出此，而天下**已**集，乃謀畔逆，夷滅宗族，不亦宜乎？（〈淮陰侯列傳〉，頁 2630）

〔註28〕李光縉言：「獨身坐耳、獨怒罵、獨吾屬爲之、獨吾等爲之，四獨字一脉具見貫高義不辱氣象。」詳見〔明〕凌稚隆輯校，有井範平補標《史記評林‧張耳陳餘列傳》（台北：地球出版社，1992），頁 2178。

「已」表示事情完成，例 3 中的「天下已集」經常被提出討論，重點就在時間副詞「已」的運用，從字面的意義看來，司馬遷似是批評韓信謀反失敗是理所當然且罪有應得，但實際上此話是以反語收束，歷代學者對此多有闡發：

「天下已集，乃謀叛逆」，此史公微文，謂淮陰之愚，必不至此也。〔註29〕

天下已集，豈可逆於其必不可為叛之時？而夷其宗族，豈有心肝人所宜出哉？讀此數語，韓信心跡，劉季呂雉手段昭然若揭矣。〔註30〕

今觀太史公所為傳贊，敘其叛逆事迹，語多微詞，即其贊末所云「天下已集，乃謀叛逆」，則非叛逆之時可知，至其以夷滅為宜，特支本朝所行，不得不如此立說，此不但見其措詞之妙，抑且見其持論之公矣。〔註31〕

李慈銘、李笠、金錫齡等人皆直指韓信不在兵權在握時據齊稱王、三分天下，而選在天下安定，局勢不利於己的情況起兵，即使再愚笨也不至於此；金錫齡更進一步指出，這是撰寫當代史的司馬遷不得不如此立說，但他仍通過曲筆來辯駁淮陰侯懷叛逆謀反之心。

4. 始吾與公為刎頸交，今王與耳旦暮且死，而公擁兵數萬，不肯相救，安在其相為死！（〈張耳陳餘列傳〉，頁 2579）

5. 及高祖初起沛，盧綰以客從，入漢中為將軍，常侍中。（〈韓信盧綰列傳〉，頁 2637）

時間副詞「初」、「始」皆指動作行為的開始，或發生最初的那段時間，亂臣篇章共出現 23 例，其中〈張耳陳餘列傳〉即有 12 例，佔總數的 52.17%。研究者認為這是司馬遷為了達到今昔對比的效果，故而在〈張耳陳餘列傳〉特別強調時間，如例 4 中，司馬遷接連使用「始」、「今」以及用在動詞前表示動作行為發生在未來的「且」字，表現出過去、現在、將要，時間節節推進，今非昔比顯然易見。例 5「初」字表示開始、最初，標誌出盧綰從最初就伴隨在劉邦左右。

〔註29〕〔清〕李慈銘《越縵堂讀史札記》收入孫曉編《二十四史資料研究彙編·史記》（成都：巴蜀書社，2010），頁 607。

〔註30〕〔清〕李笠《史記補訂》，轉引自韓兆琦《史記選注匯評·淮陰侯列傳》（台北：文津出版社，1993），頁 384。

〔註31〕〔清〕金錫齡《匆書室遺集·讀史記淮陰侯傳論》，轉引自楊燕起、陳可青、賴長揚編《歷代名家評史記》（台北：博遠出版有限公司，1990），頁 756。

6. 迺立皇子長為淮南王。上遂發兵自將東擊布。(〈黥布列傳〉,頁
   2605)

7. 上曰:「人告公反。」遂械繫信。(〈淮陰侯列傳〉,頁2627)

時間副詞「遂」表示動作行為接續發生,例6與7是透過「遂」將「發兵」、
「械繫」這兩個動作與前一事件作連結。此外,「遂」字還表現出前後兩件事
在時間方面的迫切性,研究者注意到,當施事者為劉邦時,「遂」字多集中於
征討亂臣、夷族滅宗等情節,除上舉二例,尚有「上乃可,遂夷越宗族」(〈魏
豹彭越列傳〉,頁2594)、「上遂發兵自將東擊布」(〈黥布列傳〉,頁2605)、「上
怒罵之,遂大戰」(〈黥布列傳〉,頁 2606)、「遂夷信三族」(〈淮陰侯列傳〉,
頁 2629)等,對劉邦而言,比起確認「反」這一消息的真實性,更重要的是
立刻、馬上使亂臣陷入插翅難飛的境地,在在讓人感受到劉邦極欲徹底消滅
異姓諸侯王的決心。〔註32〕

8. 於是呂后乃令其舍人告彭越復謀反。廷尉王恬開奏請族之。上乃
   可,遂夷越宗族,國除。(〈魏豹彭越列傳〉,頁2594)

9. 吾悔不用蒯通之計,乃為兒女子所詐,豈非天哉!(〈淮陰侯列
   傳〉,頁2628)

「乃」可用以表示動作行為接連發生,例 8 第一個「乃」字直指舍人告發彭
越再次謀反是呂后的安排;第二個「乃」不僅是交代劉邦准奏,更說明他認
同呂后的分析:「彭王壯士,今徙之蜀,此自遺患,不如遂誅之。」所謂「反
形已具」只是構陷,彭越定誅夷宗實由於壯士遺患。司馬遷接連使用「乃」
字,營造出這一連串行動接續發生、毫無遲疑,雖然司馬遷對於彭越謀反的
真偽不落一辭,但對於字句的選擇、安排,卻是漢初亂臣中剖白最為具體明
晰的一篇,另一方面,也是對呂后、劉邦的行徑不著一字的貶抑。〔註33〕例9
韓信悔恨自己因不採用蒯通的計策,故而被呂后、蕭何用計謀斬於長樂鐘室,
司馬遷用「乃」表現前後兩事在情理上的順承相因。

10. 始為布衣時,貧無行,不得推擇為吏,又不能治生商賈,常從人
    寄飲食,人多厭之者。(〈淮陰侯列傳〉,頁2609)

11. 相君之面,不過封侯,又危不安。(〈淮陰侯列傳〉,頁2623)

〔註32〕參考林裕斌《漢初異姓諸侯王研究》(高雄:國立中山大學中國文學系碩士論
文,2007),頁189。

〔註33〕參考郭瓊瑜《史記的褒貶義法》(台北:文化大學中國文學研究所碩士論文,
1995),頁196。

12. 及高祖、盧綰壯，俱學書，又相愛也。（〈韓信盧綰列傳〉，頁 2637）

時間副詞「又」表示動作行為重複發生，有三種用法：第一種是指兩種情況同時存在，例 10 韓信不能為官吏，也不能從商，以「又」字來實現雙重否定，與日後杖劍封侯王形成對比。第二種是意思上的更進一層，例 11 蒯通觀韓信的面相，先「不過封侯」後「危不安」，著重點在「危不安」，比起功名利祿，更為重要的是倘若韓信不自立為王恐性命難保，揭示了劉邦忌憚漢初功臣的事實。第三種表示同樣的情況重複出現，例 12 是劉邦與盧綰相友愛這一事件的重複，在〈盧綰傳〉前半段，司馬遷以副詞「初」指出時間性，並且不斷地使用程度副詞「常」，範圍副詞「俱」、「特」、「同」以及時間副詞「又」、「復」等以鋪陳劉邦、盧綰二人的情誼，一方面說明盧綰非有大功，所以能夠稱王，實非以力而是憑藉劉邦的厚愛，誠如論贊所言：「韓信、盧綰非素積德累善之世，徼一時權變，以詐力成功，遭漢初定，故得列地，南面稱孤。」（〈韓信盧綰列傳〉，頁 2642）這裡，可以看出司馬遷對虛詞的選擇使用與論贊語言密切相關，整個語篇如一個有機體，相互呼應；另一方面，揭示自幼與劉邦交好的盧綰所以出走匈奴，實由於心生疑懼，通過此一對比凸顯劉邦的猜忌心，如茅坤所言：

> 以前俱詳次綰之見幸于漢，以後纔次綰之倍漢以取滅亡也，然親愛如綰而猶為臧衍、張勝所詿誤，至于亡入匈奴，亦由漢待功臣太薄，數以猜忌誅之，故反者什而七八耳，悲夫。〔註34〕

連少時摯友也不能信任，更何況其餘異姓王，彭越、黥布、韓信等人鳥盡弓藏的結果是將然也是必然。

13. 數以策干項羽，羽不用。（〈淮陰侯列傳〉，頁 2610）

「數」表示多次執行某一動作，例 13 韓信多次為項羽獻計，後者卻不採用，藉由副詞「數」可看出次數之多，絕非一次、兩次，長期處於懷才不遇狀態和後來劉邦屢屢採納韓信的意見兩相對照之下，無怪乎韓信會不聽武涉之言、不取蒯通之計，並一再強調「人深親信我」、「漢王遇我甚厚」。

14. 時乎時，不再來。願足下詳察之。（〈淮陰侯列傳〉，頁 2625）

15. 人言公之畔，陛下必不信；再至，陛下乃疑矣；三至，必怒而自將。（〈淮陰侯列傳〉，頁 2628）

〔註34〕〔明〕凌稚隆輯校，有井範平補標《史記評林・韓信盧綰列傳》（台北：地球出版社，1992），頁 2232～2233。

副詞「再」表示同一動作的繼續或第二次，例 14 否定副詞「不」配合時間副詞「再」構成否定，認為時機不會再來，蓋韓信反或不反，決於此時。〔註 35〕例 15「再……三……」連用表示同一行為多次重複，這一句話指出劉邦除掉功臣的慣用手段：人告公反。林裕斌認為劉邦善於利用「人告公反」處理謀反問題，等於是含血噴人、借刀殺人，透過誣陷者很輕易就能羅織罪名，陷政敵於不義。〔註 36〕

（四）情態副詞

情態副詞表示動作行為或狀態的方式以及說話人的態度，例如：

1. 果若人言，「狡兔死，良狗亨；高鳥盡，良弓藏；敵國破，謀臣亡。」（〈淮陰侯列傳〉，頁 2627）

情態副詞「果」、「實」有的確、實在等意思。例 1 表示情況的發展與事前的設想結果達到一致，韓信果然如同武涉、蒯通等人所料，一旦功成勢必引來殺機。

2. 顧為王實不反，獨吾等為之。（〈張耳陳餘列傳〉，頁 2584）

副詞「實」強調動作行為的真實性，例 2 貫高陳述張敖不知謀反一事，該段落裡，貫高反覆強調「王實無謀」、「王實不知」、「王實不反」，研究者認為是司馬遷藉人物之口來陳述張敖並未參與謀反的事實。

3. 信喜，謂漂母曰：「吾必有以重報母。」（〈淮陰侯列傳〉，頁 2609）

4. 何曰：「雖為將，信必不留。」（〈淮陰侯列傳〉，頁 2611）

情態副詞「必」有一定、必定意思，例 3「重報母」的大前提是其志有成，在此韓信使用表示事理上確定不移的「必」字，可以知道韓信雖然身處在貧賤中，卻抱有雄才偉略，認為自己肯定能致青雲之上。例 4 是蕭何對韓信的行為進行推測、判斷，〈淮陰侯列傳〉蕭何舉薦韓信的段落裡，接二連三地使用「必」字，如「王必欲長王漢中」、「必欲爭天下」、「王計必欲東」等，皆直言劉邦若想稱霸就非用韓信不可，能夠看出蕭何語氣、態度裡的堅決。

〔註 35〕徐與喬：「蓋信反不反，決之此時也，此時不反，乃後與陳豨謀，信雖愚，不至此。」參考〔清〕徐與喬《經史辨體》史部〈淮陰侯列傳〉，轉引自楊燕起、陳可青、賴長揚編《歷代名家評史記》（台北：博遠出版有限公司，1990），頁 751。

〔註 36〕參考林裕斌《漢初異姓諸侯王研究》（高雄：國立中山大學中國文學系碩士論文，2007），頁 211。

5. 因固問曰：「僕委心歸計，願足下勿辭。」（〈淮陰侯列傳〉，頁 2618）

6. 天下已定，我固當亨！（〈淮陰侯列傳〉，頁 2627）

「固」可表現態度的堅決、肯定，例 5 韓信堅持要向廣武君問計。另外，「固」還可以表示事情發展的必然趨勢，或者表示客觀情況的無疑，例 6 韓信直言天下已歸漢，自己理所當然會被劉邦所擒，這一段話透露出非劉氏而王天下者，或擒或貶或誅都是固然。

7. 王素慢無禮，今拜大將如呼小兒耳，此乃信所以去也。（〈淮陰侯列傳〉，頁 2611）

司馬遷經常借用其他人物的口脗刻劃人物的性格，〔註37〕例 7 便是經由蕭何之口，暴露劉邦的性格，情態副詞「素」表示一貫的情況，司馬遷將「素」置於「慢無禮」前，說明劉邦的態度傲慢無禮並非一朝一日之事。

8. 蓋聞天與弗取，反受其咎；時至不行，反受其殃。（〈淮陰侯列傳〉，頁 2624）

情態副詞「反」用於動詞前，表示事態發展跟預期或事理的情況相反，例 8 意指當老天要給予卻不接受，反而會遭到天譴；當時運到了卻不依著走，反而會遭殃。相似的句子在亂臣篇章共出現兩次，一次是食客勸張耳收下陳餘的兵符，一次是蒯通諫韓信反劉邦，都是對該篇章甚至是歷史進程有所影響的時刻。

（五）否定副詞

否定副詞表示對陳述的動作、事情、狀態持否定或禁止的態度，可分為「一般性的否定」與「禁止語氣的否定」兩類。一般性的否定副詞是指對所敘述的行為、事理抱持否定看法，如：不、非。

1. 陳豨者，宛朐人也，不知始所以得從。（〈韓信盧綰列傳〉，頁 2639）

2. 農夫莫不輟耕釋耒，褕衣甘食，傾耳以待命者。（〈淮陰侯列傳〉，頁 2618）

否定副詞「不」在亂臣篇章共出現 275 例，多位於動詞前邊，表示一般意義的否定，例 1「不」用以否定動詞「知」，意指陳豨不知道從什麼時候開始跟隨劉邦。在例 2 中司馬遷連用兩個否定副詞「莫不」來達到肯定，藉由農夫沒有不停下手邊工作來肯定韓信的威望，又「不」位在「莫」之後，整體的

〔註37〕殷孟倫〈試論司馬遷「史記」中的語言〉收入《司馬遷——其人及其書》（台北：長安出版社，1991），頁 153。

語氣更爲強烈。〔註38〕

> 3. 百里奚居虞而虞亡，在秦而秦霸，**非**愚於虞而智於秦也，用與不
>   用，聽與不聽也。（〈淮陰侯列傳〉，頁2618）

「非」用在動詞、形容詞、名詞謂語前，表示對動作、事物、狀態的否定。例3「非」並與句末語氣詞「也」相配合，肯定、果斷地排除「愚於虞而智於秦」此一狀態，所以造成虞、秦結果的不同，實取決於掌權者是否採納計策，韓信的這段話對比自身結局，著實諷刺。

出於主觀的判斷、要求，以禁止、勸阻語氣表示否定的副詞，如：毋、無、勿。

> 4. 將軍**毋**失時，時閒不容息。（〈張耳陳餘列傳〉，頁2575）
> 5 事已搆，可遂殺楚使者，**無**使歸，而疾走漢并力。（〈黥布列傳〉，
>   頁2601～2602）

例4「毋」限制「失時」，表示勸阻，是「毋」最常見的用法。例5「無」表示禁止，意指不要讓使者回楚軍。

（六）語氣副詞

語氣副詞是對某種行爲、事理持有較強的主觀看法，並表現出強調的語氣，如：安、寧、豈。

> 1. 上折隨何之功，謂何爲腐儒，爲天下**安**用腐儒。（〈黥布列傳〉，
>   頁2603）
> 2. 漢方不利，**寧**能禁信之王**乎**？（〈淮陰侯列傳〉，頁2621）
> 3. 吾**豈**可以鄉利倍義**乎**！（〈淮陰侯列傳〉，頁2624）

「安、寧、豈」多爲反詰語氣。例1「安」位於動詞「用」之前，表示反問，意指怎麼能任用腐儒，劉邦使用「腐儒」一詞已見其態度不敬，又加以反問句式，更顯對文人的輕慢。例2「寧」字與句末的語氣詞「乎」相互搭配，詰問在漢方不利的局勢下，「禁信之王」的可能性。例3「豈」與句末語氣詞「乎」相呼應，用「豈……乎」句式來詰問，否定「鄉利倍義」的語氣更爲強硬。

〔註38〕崔立斌《《孟子》詞類研究》提及：「一般來說，『不』處於其他副詞的後面時，所表示的否定氣勢似乎比『不』在其他副詞的前面要強一些。」詳見崔立斌《《孟子》詞類研究》（開封：河南大學出版社，2003），頁196。

（七）謙敬副詞

人們在進行言談時，有時候會因爲談話雙方的身分地位不同，或者說話者爲了禮貌，故而使用謙敬副詞以表示尊敬對方或自謙。亂臣篇章的謙敬副詞僅 2 個：竊、敬。

1. **竊**聞公之將死，故弔。雖然，賀公得通而生。（〈張耳陳餘列傳〉，頁 2574）

2. 夫勢在人臣之位而有震主之威，名高天下，**竊**爲足下危之。（〈淮陰侯列傳〉，頁 2625）

3. 漢王使臣**敬**進書大王御者，竊怪大王與楚何親也。（〈黥布列傳〉，頁 2600）

副詞「竊」、「敬」用在動詞前，表示禮節上的敬意，多用於對話中，例 1 說話人是蒯通，受話人是范陽令；例 2 說話人爲蒯通，受話人是韓信；例 3 說話人是隨何，受話人爲黥布。不難發現，謙敬副詞的使用者多爲蒯通、隨何一類的說客，他們爲了讓對方聽取建議必須保持低姿態。

二、介詞的運用

介詞不能單獨作句子成分，必須與名詞、名詞短語等體詞性詞語構成介賓結構，作謂詞性成分的狀語或補語。介詞結構是用來引進與動作行爲所涉及的時間、對象、處所、工具、方式、條件、原因或目的等，使動作行爲變得更爲具體、準確、生動，在語言表達上有著十分重要的作用，可視爲是漢語句式完善化的標誌。何樂士指出：

> 《史記》的介詞同《左傳》比較起來，有很大發展。除了與《左傳》
> 相同的十九個以外，還出現許多新的介詞（或準介詞），大大豐富了
> 句子的表達能力，在句子結構的擴展中起著積極作用，形成《史記》
> 語法的又一鮮明特色。〔註39〕

從《左傳》、《史記》的情況看，介詞的發展正經歷著一個由簡到繁、由少到多的過程。《史記》亂臣篇章中的介詞共 11 個：由、因、當、在、及、從、與、於、以、自、方。則要闡釋如下：

（一）以

「以」作介詞表示與動作行爲有關的種種關係，能夠引進動作直接涉及

〔註39〕何樂士《〈史記〉語法特點研究》（北京：商務印書館，2005），頁 127。

的對象、動作施行時所憑藉的方式、動作發生的原因等。例如：

1. 漢所以不擊取楚，以眛在公所。若欲捕我以自媚於漢，吾今日死，公亦隨手亡矣。（〈淮陰侯列傳〉，頁 2627）

2. 呂后婦人，專欲以事誅異姓王者及大功臣。（〈韓信盧綰列傳〉，頁 2638～2639）

例1「以」表示動作「漢所以不擊取楚」發生的原因「眛在公所」。例2「以」是引進動作「誅」實施時依憑的手段「事」，從這一句可以看出漢初功臣的最終下場與呂后脫不了干係，司馬遷只寫「以事」二字，不去詳說「事」，然讀者卻能作聯想，無論是彭越、韓信，都死於這一「事」上頭。從例 1 與例 2 可以看出劉邦、呂后容不得異姓諸侯王的心思是天下皆知，於是這些異姓諸侯王在自保這一大前提下，往往只能走上謀反一途。

3. 言之而非邪，使何等二十人伏斧質淮南市，以明王倍漢而與楚也。（〈黥布列傳〉，頁 2600）

4. 禍之興自愛姬殖，妒媚生患，竟以滅國！（〈黥布列傳〉，頁 2607）

介詞「以」的賓語經常承上省略，這是它的一大特點，例3「以」後省略的賓語是「何等二十人伏斧質淮南市」一事，這在類句式中，「以」所省略的賓語大都比較冗長。例 4 構成〔竟（副詞）+以（介詞）+動詞結構〕的句式，在這種句式中的「以」是介詞省略了賓語，〔註40〕也就是前所提及的「患」。

5. 今足下雖自以與漢王為厚交，為之盡力用兵，終為之所禽矣。（〈淮陰侯列傳〉，頁 2622）

「以」還經常與「為」連用構成「以為」、「以……為」句式。例5是韓信自認為跟劉邦交情深厚，這裡使用表示主觀看法的「以……為」句式，更凸顯出這只是韓信個人的認定，類似的句式還有司馬遷述韓信心跡「自以為功多，漢終不奪我齊」，但隨即記述「項羽已破」後的二度襲軍與奪齊徙楚，

〔註40〕關於如何區別賓語省略的介詞「以」及連詞「以」，何樂士於《《左傳》虛詞研究》說：「從區別連詞『以』與介詞『以』的角度，我們可以這樣說：當『以』前 X 為以上四種成分（主語、副詞或助動詞、連詞、個別動詞──『請』或『使』）時，『以』是介詞而不是連詞。」同時，他也闡發了賓語省略的可能原因：「『以』前有副詞或助動詞，『以』後的賓語就常省略。這樣可以在音節上減少累贅感，同時〔X（副、助）‧以‧D〕與〔以‧賓‧D〕互相配合，也可使語言有所變換。這大概與漢語的發展既要求句子用詞的經濟節約、避免不必要的重複，又要求字數整齊對偶、音律的鏗鏘勻稱有關。」詳見何樂士《《左傳》虛詞研究》（北京：商務印書館，2004），頁 181～182。

全盤推翻了韓信「自以爲」云云的想法，突出韓信的一廂情願。〔註41〕也就是前所提及的「患」。

（二）於

「於」比「于」晚起，後來逐漸取代了「于」，〔註42〕是古漢語裡最廣的介詞，所表示的關係也最爲繁多。例如：

1. 柏人者，迫於人也！（〈張耳陳餘列傳〉，頁2584）
2. 陛下使何與二十人使淮南，至，如陛下之意，是何之功賢於步卒五萬人騎五千也。（〈黥布列傳〉，頁2603）
3. 於諸侯之約，大王當王關中，關中民咸知之。（〈淮陰侯列傳〉，頁2612）
4. 上曰：「於君何如？」曰：「臣多多而益善耳。」（〈淮陰侯列傳〉，頁2628）
5. 陳豨拜爲鉅鹿守，辭於淮陰侯。淮陰侯挈其手，辟左右與之步於庭……（〈淮陰侯列傳〉，頁2628）

例1「於」引進動作行爲的主動者，此時動詞「迫」表示被動。例2「於」表示比較，通常位在形容詞謂語後，其賓語是進行比較的對象，意指隨何的功勞更勝五萬步卒。例3「於」引介「大王當王關中」此一動作行爲的依據：「諸侯之約」。例4介詞「於」的賓語是表示看法的人。例5第一個「於」是引進動作行爲「辭」所涉及的對象「淮陰侯」；第二個「於」引進「步」這一動作發生的地點「庭」。

6. 漢九年，貫高怨家知其謀，乃上變告之。於是上皆并逮捕趙王、貫高等。（〈張耳陳餘列傳〉，頁2584）

〔註41〕參考郭瓊瑜《史記的褒貶義法》（台北：文化大學中國文學研究所碩士論文，1995），頁195。

〔註42〕《《左傳》虛詞研究》：「從總的趨勢上看，『于』、『於』的發展似乎經歷了這樣一個過程：只有『于』→『於』開始出現，但以『于』爲主→『于』、『於』數量大致相當→以『於』爲主，逐漸取代『于』。」這兩個字的用法大致相同，但出現有先後，「于」作爲介詞有悠久的歷史，它在甲骨文中大量出現，引進與動作行爲有關的處所、時間或對象等；《春秋》、《易經》中有「于」無「於」；西周金文中開始出現「於」，但在金文、《詩經》、《尚書》中，「于」仍佔絕大多數；在《左傳》裡，「于」、「於」大致相當；到戰國晚期，「於」字逐漸佔了優勢；魏晉以後「于」字就較少使用了。詳見何樂士《《左傳》虛詞研究》（北京：商務印書館，2004），頁83；何樂士、敖鏡浩、王克仲、麥梅翹、王海棻編《古代漢語虛詞通釋》（北京：新華書店，1985），頁729。

7. 梁王怒其太僕，欲斬之。太僕亡走漢，告梁王與扈輒謀反。**於是**
   上使使掩梁王，梁王不覺，捕梁王，囚之雒陽。(〈魏豹彭越列傳〉，
   頁 2594)

8. 「彭王壯士，今徒之蜀，此自遺患，不如遂誅之。妾謹與俱來。」
   於是呂后乃令其舍人彭越復謀反。(〈魏豹彭越列傳〉，頁 2594)

9. 其左右皆亡匿。語頗泄，辟陽侯聞之，歸具報上，上益怒。又得
   匈奴降者，降者言張勝亡在匈奴，爲燕使。**於是**上曰：「盧綰果
   反矣！」使樊噲擊燕。(〈韓信盧綰列傳〉，頁 2639)

亂臣篇章中介詞「於」經常以固定詞組「於是」的形式出現，共見 25 例，佔
全數的 30.9%，基本用於陳述句中，李長之認爲司馬遷用「於是」以掘發一事
之因果，同時又都有一種節奏上的作用。〔註43〕從語義上看，「於是」標記出
後續句是依據前啓句推出的結果，從所舉的例 6、7、9 中可以發現前啓句的
敘事內容都是「人告公反」，緊接著用「於是」帶出後續句，敘述動作的已然
變化或事件的已然發展，其流程可標誌爲：人告公反→有罪，捕／擊，全然
不見求證的過程。另外，從語用上看，「於是」可以標記從引用人物話語語境
轉入作者敘事語境，〔註44〕如例 8 從呂后的語言轉入敘事語言。

（三）及

「及」常和它的賓語一起用於動詞前後；如不帶賓語，則只能用於動詞
前，表有關的時間、對象、限度等。〔註45〕亂臣篇章經常以「及」做連貫語，
表示事件發展到某一階段、某一時間，例如：

1. 張耳、陳餘，世傳所稱賢者；其賓客廝役，莫非天下俊桀，所居
   國無不取卿相者。然張耳、陳餘始居約時，相然信以死，豈顧問
   哉。**及**據國爭權，卒相滅亡，何鄉者相慕用之誠，後相倍之戾也！
   (〈張耳陳餘列傳〉，頁 2586)

〔註43〕李長之《司馬遷之人格與風格》（台北：里仁書局，2008），頁 334。

〔註44〕參考凌瑜《《史記》篇章連接標記研究》（杭州：浙江大學人文學院博士論文，
2010），頁 33。

〔註45〕介詞「及」用以引介與動詞相關的時間、事件、範圍對象等；而連詞「及」
則是用以連接並列的名詞或詞組，「及」字前後的詞可以互換而意義不變，
例如〈韓信盧綰列傳〉：「呂后婦人，專欲以事誅異姓王者**及**大功臣。」（頁
2638)

2. 魏豹、彭越雖故賤，然已席卷千里，南面稱孤，喋血乘勝日有聞矣。懷畔逆之意，**及**敗，不死而虜囚，身被刑戮，何哉？（〈魏豹彭越列傳〉，頁 2595）

例 1〈張耳陳餘列傳贊〉從開頭「張耳、陳餘」到「豈顧問哉」，稱他們為賢者，且是交情匪淺的密友；至「及據國爭權」一轉，諷張、陳「以勢利交」，看似固若金湯的友情因利益而產生裂隙。史公透過介詞「及」來達到轉折，以帶出自身評論，譏刺這種「以勢利交」者，經不起現實的考驗。〔註 46〕李景星評此贊云：「贊語凡三轉，明白疏暢，而頓挫自古。」〔註 47〕這轉折的手法，實有賴於虛詞的使用。例 2〈魏豹彭越列傳贊〉司馬遷以介詞「及」表明時間點「敗」的同時，並帶出核心問句「不死而虜囚，身被刑戮，何哉」，以闡揚司馬遷之「發憤」論。〔註 48〕

（四）當

「當」在亂臣篇章中皆與它的賓語一起表示動作行為發生的時間。例如：

1. 乃仰絕肮，遂死。**當**此之時，名聞天下。（〈張耳陳餘列傳〉，頁 2585）

2. **當**是時，臣唯獨知韓信，非知陛下也。（〈淮陰侯列傳〉，頁 2629）

3. **當**是時，陳豨使王黃求救匈奴。（〈韓信盧綰列傳〉，頁 2638）

《史記》經常在同一個段落敘述多起事件的發生、各個人物的活動，司馬遷多以「當是時」銜接，「當是時」不僅振起上下文，更與上文所提及的「於是」同樣具有節奏上的作用。〔註 49〕

（五）由

《史記》亂臣篇章中介詞「由」共出現 4 次，皆與「此」連用，構成慣用詞組「由此」，用以表示事件、行為的起點。例如：

〔註 46〕 參考林珊湘《《史記》「太史公曰」之義法研究》（台北：花木蘭文化出版社，2006），頁 142。

〔註 47〕 〔清〕李景星著，陸永品點校《史記評議》（上海：上海古籍出版社，2008），頁 178。

〔註 48〕 參考林珊湘《《史記》「太史公曰」之義法研究》（台北：花木蘭文化出版社，2006），頁 145。

〔註 49〕 參考李長之《司馬遷之人格與風格》（台北：里仁書局，2008），頁 334。

1. 張耳乃佩其印，收其麾下。而陳餘還，亦望張耳不讓，遂趨出。張耳遂收其兵。陳餘獨與麾下所善數百人之河上澤中漁獵。**由此**陳餘、張耳遂有郤。（〈張耳陳餘列傳〉，頁 2580）

2. 信知漢王畏惡其能，常稱病不朝從。信**由此**日夜怨望，居常鞅鞅，羞與絳、灌等列。（〈淮陰侯列傳〉，頁 2628）

以上二例「由此」是引進動作「有郤」、「日夜怨望」的時間，例1「由此」作為分水嶺，將張、陳之交畫下句點，後僅見兩人相怨相殺。例2司馬遷用「由此」指出韓信情緒轉向消極的時間點，反過來說，在此之前他的心理狀態應是積極、正向，甚至有些自滿（韓信即使轉為消極，仍帶有自滿的心理，從他「羞與絳、灌等列」、答覆「臣多多益善耳」等言行即可窺探一二），且撇除自滿這一點不論，單就積極面而言，一個滿足於當下的人，為何會在漢六年起兵謀反？似有些不尋常，這些標誌出心理、情緒轉變的虛詞，皆值得讀者留意。

三、連詞的運用

連詞的主要作用是連接詞、短語、分句、段落等，表示前後兩項之間順承、轉折、讓步、因果、選擇等各種關係，不具修飾或補充的功能，也不能充當句子成分。亂臣篇章連詞共有 11 個：而、以、則、然、雖、及、且、況、故、因、誠。擇要分析如下：

（一）而

「而」是古漢語裡用的最頻繁、最靈活的一個連詞，袁仁林嘗言：「而字之聲膩滑圓溜，有承上起下之能，有蒙上輥下之情，惟其善輥，故不拘一處，無乎不可，一切去來、起伏、出入、周折、反正、過接，任其所輥無滯。」〔註50〕「而」可標誌順承、因果、並列、轉折等多種關係。《史記》亂臣篇章中「而」共見 182 例。例如：

1. 齊人蒯通知天下權在韓信，欲為奇策**而**感動之……（〈淮陰侯列傳〉，頁 2623）

2. 野獸已盡**而**獵狗亨。（〈淮陰侯列傳〉，頁 2625）

例1所連接的後一部分補述前面動作行為的目的。例2「野獸已盡」是條件、原因，「獵狗烹」是結果，這裡所指的野獸自然是嘗與劉邦爭天下的項羽等人，

〔註50〕〔清〕袁仁林《虛字說》（北京：中華書局，1985），頁 3。

從項羽已破後劉邦兩度襲軍、奪齊徙楚，凡此種種，都盡顯出劉邦容不得韓信、黥布、彭越等人。

（二）以

連詞「以」〔註51〕可以連接詞與詞、短語與短語、句與句，其用法跟「而」相近，都可以用來連接並列結構、偏正結構、承接結構等，其差別在於「以」不能表示轉折。例如：

1. 齊僞詐多變，反覆之國也，南邊楚，不爲假王以鎮之，其勢不定。願爲假王便。（〈淮陰侯列傳〉，頁 2621）

2. 信乃謀與家臣夜詐詔赦諸官徒奴，欲發以襲呂后、太子。（〈淮陰侯列傳〉，頁 2628）

〔A+以（連詞）+B〕式中，當 A、B 兩項都是動詞或動詞結構時，「以」字很少是單純的過渡作用，B 表示前面動作行爲 A 的目的、結果，例 1「爲假王」的目的是「鎮之」；例 2 韓信及家臣一系列的動作行爲最終目的是「襲呂后、太子」。這類的句子大都含有施動者的主觀意圖。

3. 與此兩國約：即勝楚，睢陽以北至穀城，皆以王彭相國；從陳以東傅海，與齊王信。（〈魏豹彭越列傳〉，2593）

「以」後面接「來」、「往」、「上」、「下」、「東」、「南」、「西」、「北」等詞，補充說明時間、處所或範圍。例 3 的「以」表示地域的起點和範圍。

（三）因

連詞「因」連接前後兩句，前句與後句所提出的兩件事在時間、事理上前後相繼，表示順承關係。〔註52〕例如：

〔註51〕前文曾提到辨別賓語省略的介詞「以」的方法，除此之外，何樂士亦有針對連詞「以」的特徵做分析：〔A·以（連詞）·B〕（連詞「以」的前後兩項用 A、B 代）連詞「以」前的 A 也有 5 個，分別是動詞（或動詞結構）、形容詞、名詞（用做狀語）、介賓短語（用做狀語）、名詞（主題主語），在〔A·以（連詞）·B〕中，「以」只起連接作用。詳見何樂士《《左傳》虛詞研究》（北京：商務印書館，2004），頁 190～191。

〔註52〕連詞「因」用以連接時間或事理前後相繼的兩分句；而介詞「因」經常與其賓語一起用於動詞前，引進動作行爲賴以發生的條件、依據、理由、時機、目的、方向等，例如〈淮陰侯列傳〉：「因民之欲，西鄉爲百姓請命」（頁 2624），引進動作行爲的條件，可譯爲按照、根據。

1. 十一年，高后誅淮陰侯，布因心恐。夏，漢誅梁王彭越，醢之，盛其醢徧賜諸侯。至淮南，淮南王方獵，見醢，因大恐，陰令人部聚兵，候伺旁郡警急。（〈黥布列傳〉，頁 2603）

2. 信之入匈奴，與太子俱；及至潰當城，生子，因名曰潰當。（〈韓信盧綰列傳〉，頁 2635）

例 1 漢十一年，高后和蕭何用計將淮陰侯斬於長樂鐘室，黥布因此心生恐懼；後見彭越被醢，更是大恐。也就是說，「布因心恐」、「因大恐」都是建立在前一句「高后誅淮陰侯」、「見醢」的基礎之上，前後二件事互為因果。此處的「因心恐」、「因大恐」堆疊出黥布內心的恐懼感，並用程度副詞「大」表現出恐懼的加深，兩用「因」字，緊湊突出韓、彭之誅所造成的強烈震撼，並為黥布的部勒聚兵交 代了動機。例 2「及至潰當城，生子」與「名曰潰當」在事理上相承，用連詞「因」做連接。

（四）則

「則」在亂臣篇章的用法單純，皆表示前後兩事的順承關係，所連接的前一部分是條件，後一部分是結果。一般而言，「則」字用來連接分句與分句，若用來連接單句中的詞或詞組，則構成緊縮複句。例如：

1. 足下右投則漢王勝，左投則項王勝。（〈淮陰侯列傳〉，頁 2622）
2. 項王今日亡，則次取足下。（〈淮陰侯列傳〉，頁 2622）

「則」在亂臣篇章中共見 29 例，其中〈淮陰侯列傳〉即有 19 例，多出自武涉、蒯通假設不同條件與其造成的不同結果來勸說韓信自立為王。例 1「則」字連接詞組與詞組，以「右投」、「左投」當作條件，導致「漢王勝」、「項王勝」兩種迥然不同的結果。例 2 前一分句「項王今日亡」是條件，後一分句以連詞「則」帶出「次取足下」這一結果。

（五）雖

「雖」常用於連接分句與分句，其作用是對甲事實的確認，接著說明乙事，兩個事件在語意上常常轉折、反問，但卻不因為彼此的存在而不成立。例如：

1. 名譽雖高，賓客雖盛，所由殆與太伯、延陵季子異矣。（〈張耳陳餘列傳〉，頁 2586）
2. 魏豹、彭越雖故賤，然已席卷千里，南面稱孤，喋血乘勝日有聞矣。（〈魏豹彭越列傳〉，頁 3595）

> 3. 吾如淮陰，淮陰人為余言，韓信雖為布衣時，其志與眾異。其母
> 死，貧無以葬，然乃行營高敞地，令其旁可置萬家。（〈淮陰侯列
> 傳〉，頁 2629～2630）

例 1「雖」重複出現構成「雖 p₁，雖 p₂，q」的擴展句式，加重了 p 和 q 相背離的轉折語氣，強調了對 q 肯定的主觀態度，在此，司馬遷先是承認張、陳二人的名譽高，賓客盛的事實，隨即在後文帶出正意「所由殆與太伯、延陵季子異矣」，這種擴展讓步句式，比普通讓步句式的預設更加強調 q，從而加深了 q 與 p 轉折的程度〔註53〕。《史記》亂臣篇章中「雖」經常與表示語意轉折的虛詞「然」相呼應，例 2 用「雖」來確認魏豹、彭越前期的狀態，「然」帶出後期拜將封王的盛況。例 3 前面先說韓信因為貧窮無法安葬韓母，後面語鋒一轉，韓信將母親安葬在地勢高而寬闊的地方，印證韓信的志向與眾異。從〈張耳陳餘列傳贊〉、〈魏豹彭越列傳贊〉、〈淮陰侯列傳贊〉對「雖」字的使用，可以發現司馬遷態度上的差異：

> 「積極評價＋雖＋消極評價」……張耳、陳餘
>
> 「消極評價＋雖＋積極評價」……魏豹、彭越、韓信

轉折的產生，多半是由於前一分句在我們心中引起一種預期結果，而後一分句卻軼出了預期結果，造成前後不一貫，許世瑛認為後一分句往往具有一種修正的效果，〔註54〕因循著具有修正效果這一說法，研究者認為在轉折關係中其信息焦點應該在後一分句，換句話說，「雖」之後的評價應該才是司馬遷所要表達的重點，由此看來，司馬遷對張耳、陳餘二人的評價是消極重於積極，而魏豹、彭越、韓信三人則是偏屬積極。

（六）且

「且」作連詞，用以連接前後兩項，可以表示承接關係，也可表示並列關係。例如：

> 1. 陛下不能將兵，而善將將，此乃信之所以為陛下禽也。且陛下所
> 謂天授，非人力也。（〈淮陰侯列傳〉，頁 2628）

當「且」連接非疑問的分句時，小句和小句之間是非平等的關係，有承接上文並表示更進一層的意思，作此功能的「且」字尤其常用在說明理由的句子。

〔註53〕 參考凌瑜《〈史記〉篇章連接標記研究》（杭州：浙江大學人文學院博士論文 2010），頁 1190。

〔註54〕 參考許世瑛《中國文法講話》（台北：台灣開明，2008），頁 214～215。

例 1 劉邦與韓信論次諸將的能力，韓信認為自己所以被劉邦所擒，是因為後者雖不擅長帶兵，卻善於領導將領，又劉邦的勝利是上天所安排，無法憑人力改變。司馬遷用「且」字來進一步的闡述，可見著重點在後一句「陛下所謂天授，非人力也」，在某種程度上可以視作對劉邦的貶抑，似乎意有所指漢朝能定天下與劉邦的能力關係並不是這麼直接，實由於天。〔註 55〕由「且」連接雖不及「而且」來得有力，但仍表現出層次、輕重。

　　2. 高祖已從豨軍來，至，見信死，**且喜且**憐之，問：「信死亦何言？」
　　　（〈淮陰侯列傳〉，頁 2629）

「且」連接兩個平列的動詞，通常用「而」字連接，以「且」字連接有同時的意思，亂臣篇章裡共 2 例，皆出自劉邦情緒的描寫，以「且……且……」的格式呈現，例 2 司馬遷用「且」字連接劉邦知道韓信已死後的態度，若作「喜而憐之」就可見劉邦急欲殺功臣的流露，但使用「且」卻不側重「喜」也不偏重「憐」，兩種情緒是同時生起，這樣的寫法看來司馬遷只是在陳述一個事實，並未對劉邦有任何明晰的評價，但「且喜且憐之」一直以來卻為學者所關注，清人梁玉繩分析劉邦此時的心理：「從豨軍來，見信死且喜且憐，亦諒其無辜受戮，為可憫也。」〔註 56〕劉邦「喜」的是終於除去心頭大患；「憐」的是明知韓信沒有造反卻無辜而死，又吳齊賢評道：「五字寫盡漢王心事。」〔註 57〕可見司馬遷對虛字的掌握。

（七）故

　　「故」是古漢語中常見的因果連詞，連接的分句是某些情況產生的後果，通常出現於複句的後一個分句，李長之認為「故」字原來很普通，但司馬遷

〔註 55〕研究者認為司馬遷的天人思想中，經常將不能用人的理性解釋的事件、現象歸之於天。從《史記》諸多的例子可以發現司馬遷在歷史運動中對「天」與「人」的安排：倘若「人」實際參與了作用，直接影響到歷史的變動，那麼無可議論的歸於人，例如〈蒙恬列傳〉蒙恬將罪過歸咎於挖掘地脈受到上天的懲罰，司馬遷在論贊中卻批評「何乃罪地脈哉」（頁 2570），認為罪不在天而在人；倘若國家興亡、個人際遇等，不能以人的理性去解釋時，司馬遷便將之歸於天，例如〈李將軍列傳〉李廣以「豈非天哉」（頁 2876）作為個人際遇的總結。在這樣的思想前提下，當劉邦問韓信：「多多益善，何為為我禽？」（頁 2628），司馬遷藉由韓信之口說出「天授」，等於是間接的否定了「漢得天下」與「劉邦能力」兩者之間的關係。

〔註 56〕〔清〕梁玉繩《史記志疑》（北京：中華書局，1981），頁 1333。

〔註 57〕〔明〕凌稚隆輯校，有井範平補標《史記評林‧淮陰侯列傳》（台北：地球出版社，1992），頁 2226。

用來便能發揮它特有的作用，〔註58〕例如：

1. 往年殺彭越，前年殺韓信，此三人者，同功一體之人也。自疑禍
   及身，**故**反耳。（〈黥布列傳〉，頁2604）

2. 韓信、盧綰非素積德累善之世，徼一時權變，以詐力成功，遭漢
   初定，**故**得列地，南面稱孤。（〈韓信盧綰列傳〉，頁2642）

這兩個例子都是用「故」來表示前後文的因果關係，例1「故」字是指出結果，
卻隱隱道出韓信、彭越相繼謀反的背後所隱藏的事實，倘若韓信、彭越是由
於謀反而被誅殺，此時未有謀反動作的黥布又有什麼好懼怕的呢？黥布害怕
是因為他深知「禍」的真面目是劉邦容不得這一批功臣，所謂的謀反是莫須
有的罪名，他懷疑同樣的情況將發生在自己身上，因此不得不走上謀反一途。
透過「故」得以知前因後果，黥布並非無端反漢，而是施行在其他異姓諸侯
王先後被處決這一個大前提。例2 司馬遷認為韓王信、盧綰所以能夠裂地稱
王，實由於漢朝方平定天下。

（八）誠

「誠」作為連詞，位在複句的前一分句中，表示假設。亂臣篇章裡連詞
「誠」共見5例，皆用來提出假設以勸諫、說服他人聽取、採納自己的意見。
例如：

1. **誠**聽臣之計，可不攻而降城，不戰而略地，傳檄而千里定，可乎？
   （〈張耳陳餘列傳〉，頁2575）

2. **誠**能聽臣之計，莫若兩利而俱存之，參分天下，鼎足而居，其勢
   莫敢先動。（〈淮陰侯列傳〉，頁2623）

3. **誠**令成安君聽足下計，若信者亦已為禽矣。（〈淮陰侯列傳〉，頁
   2618）

例1 蒯通以「誠」字帶出「聽臣之計」這項假設，如果假設成立（即武信君
實踐計策），其結果是「可不攻而降城，不戰而略地，傳檄而千里定」，武信
君不動一兵一卒即可取得燕、趙城。例2 蒯通勸諫韓信接受自己的計策，如
此便可三分天下。有時候「誠」會與「令」、「使」等字連用，同樣表示假設，
如例3 韓信以「假令」二字提出假設，力說廣武君獻計。

〔註58〕參考李長之《司馬遷之人格與風格》（台北：里仁書局，2008），頁331。

四、助詞的運用

助詞本身具體涵義不大明顯，其獨立性最差，須附加在詞或短語等其他語言成分，何金松認為：「助詞主要是完成某種結構、標誌某種狀態、舒緩語氣、調整音節」，〔註 59〕其作用在於對詞、詞組、句子起各種標誌作用，或是位於結構之中幫助變換詞序、區別詞性、組成／改變結構的性質或是強調一種詞氣，增強某種感情色彩。《史記》亂臣篇章中的助詞共 10 個，又可分為結構助詞（之、者、所、等、屬、輩、曹、然）〔註 60〕和語氣助詞（夫、蓋）。

（一）之

結構助詞「之」的用法大致有三種：「之₁」用在修飾語和被修飾語之間，組成偏正短語結構，表示前後兩項的各種關係，是最基本的用法；「之₂」用以表示前後兩項的補充關係；「之₃」介於主語和謂語之間，取消原來主謂結構作為句子的獨立性，使其成為句中的成分。例如：

1. 臣之邑子，素知之。（〈張耳陳餘列傳〉，頁 2584）
2. 得攝尺寸之柄，其雲蒸龍變，欲有所會其度，以故幽囚而不辭云。（〈魏豹彭越列傳〉，頁 2595）
3. 案齊之故，有膠、泗之地，懷諸侯以德，深拱揖讓，則天下之君主相率而朝於齊矣。（〈淮陰侯列傳〉，頁 2624）

例 1 至例 3 都作「之₁」用，例 1 標誌領屬關係，例 2 表示修飾關係，例 3 標誌同一關係，「地」指的就是膠、泗兩地。

4. 身被刑法，何其拔興之暴也！（〈黥布列傳〉，頁 2607））

例 4「之₂」標誌補充關係，以「暴」補充「拔興」的狀態。

5. 秦之滅大梁也，張耳家外黃。（〈張耳陳餘列傳〉，頁 2572）
6. 沛公之從碭北擊昌邑，彭越助之。（〈魏豹彭越列傳〉，頁 2592）

〔註 59〕何金松《虛詞歷時詞典》（武漢：湖北人民出版社，1994），頁 458。

〔註 60〕古代書面語中「之」字是典型的結構助詞，至於「者₁」、「所」、「等」、「屬」、「輩」、「曹」等字的依歸學者有著不同的看法。例如呂叔湘《文言虛字》認為「者₁」是稱代用法（頁 14），「所」字的作用在於指示，有時兼有稱代之用（頁 20）；又例如池昌海《史記同義詞研究‧附錄三》將「曹、輩、等、屬」劃入名詞類（頁 174）。研究者暫且將其分入結構助詞，因為就功能劃分來說，這幾個字的確都不能單獨充當句子成分，必須附加於其他單位之上。

上所舉二例都是用助詞「之3」來取消主謂短語獨立性的標誌。例 5 助詞「之3」構成與時間相關的短語，其後搭配語氣詞「也」，意指秦滅大梁的時候。例 6 指出彭越幫助劉邦的時間性，是劉邦從碭北擊昌邑的時候，「之3」改變原來的主謂結構，使其成爲表時間的關係句。

（二）者

《史記》亂臣篇章中助詞「者」共有 142 例。「者1」能夠改變結構性質，常依附在其他實詞後面，組成〔動詞／形容詞+者〕的者字結構，使之具有名詞性短語的性質，提示具有某種行爲、特徵、性質的實體，意指「……的人／事／物」」，〔註61〕者字結構的主要功能之一是說話人可以根據自己的需要，把所談對象的某一特徵凸顯出來。例如：

1. 十二月，上自擊東垣，東垣不下，卒罵上；東垣降，卒罵者斬之，不罵者黥之。（〈韓信盧綰列傳〉，頁 2641）

2. 臣聞智者千慮，必有一失；愚者千慮，必有一得。（〈淮陰侯列傳〉，頁 2618）

例 1「罵者」是由動詞「罵」與助詞「者1」組合而成。此時「罵」在語法上由謂詞性成分指稱化成具備名詞性特徵，「罵者」在語義上表示「罵」這一行爲的施事者。例 2 是「者」字與形容詞組合，形成名詞性的「者」字詞組，智者、愚者分別譯爲聰明的人、愚笨的人。

當「者2」位於名詞性成分之後，它不改變原來結構的性質，其語法功能近乎語氣詞。由於名詞性成分足以表示具體的事物，這時候「者」字的稱代已非必要，只起標明語音停頓、引出下文的作用，例如：

3. 柏人者，迫於人也。（〈張耳陳餘列傳〉，頁 2584）

4. 魏豹者，故魏諸公子也。（〈魏豹彭越列傳〉，頁 2589）

例 3 和例 4「者2」放在主語後，做停頓作用，與語氣詞「也」相呼應，構成論斷句，這類判斷句都具有歸類、解釋和判斷的意味在內，是古漢語中典型的判斷句句式；有時候即使句末不用「也」，也可以構成介紹性的論斷句。

〔註61〕 「者」字起改變結構性質的作用，它們所結合的對象不限於一個詞，也可以是短語或句子。當「者」字與形容詞或動詞短語相結合，則構成名詞性的「者」字短語，用來指稱人、事、物，其中以指人最爲常見。詳見何樂士、敖鏡浩、王克仲、麥梅翹、王海棻編《古代漢語虛詞通釋》（北京：新華書店，1985），頁 13、787。

（三）所

助詞「所」指稱化形成〔所＋動〕或〔所＋介詞＋動詞〕的所字結構後，才能充當句子中的一個成分。〔註62〕例如：

1. 君未知此兩人**所**欲也。夫武臣、張耳、陳餘杖馬箠下趙數十城，此亦各欲南面而王，豈欲爲卿相終己邪？（〈張耳陳餘列傳〉，頁2577）

2. 今僕有三罪於陛下，而欲求活於世，此伍子胥**所以**僨於吳也。（〈韓信盧綰列傳〉，頁2635）

3. 漢王追楚，**爲**項籍**所**敗固陵。（〈魏豹彭越列傳〉，頁2593）

〔所＋動〕在句中可以表示與動作行爲相關連的各個方面，諸如人、事、物等，例1是趙養卒與燕將的對話，「所欲」是「所」字與動詞「欲」組成的名詞性短語，在這個句子裡表示動詞「欲」所涉及的事物。〔所＋介詞＋動詞〕的名詞性短語在句中表示跟動詞相關的原因、處所、時間，以及動作行爲賴以進行的手段或涉及的對象等，例2是「所」字先與介詞「以」相結合，然後再與動詞組成名詞性短語，表示伍子胥死於吳的原因。除名詞性短語〔所＋動〕、〔所＋介詞＋動詞〕用法外，《史記》亂臣篇章中尚有幾個慣用格式：「所謂」、「何所」、「無所」、「所……者」、「爲……所……」等，例3的「爲……所……」是古代漢語被動句常用句式，項籍是動詞「敗」的施事者，整段話可譯爲：漢王追楚軍，在固陵被項籍打敗。

（四）輩

助詞「輩」可用於名詞、代詞、數詞之後，用於名詞後表示人、物的多數或同一類的意思，用於代詞後表示多數，多以指人，而用在數詞後則有「批」的意思。例如：

1. 使者往十餘**輩**，輒死，若何以能得王？（〈張耳陳餘列傳〉，頁2576～2577）

2. 坐法當斬，其**輩**十三人皆已斬……（〈淮陰侯列傳〉，頁2610）

〔註62〕「所」字結構是一個名詞性短語，例如：「想」是一個動詞，當構成「所想」這一個「所」字結構後，就不再是動詞性了，而變爲名詞性的短語，意爲「所想的人／事／物」。詳見何樂士、敖鏡浩、王克仲、麥梅翹、王海棻編《古代漢語虛詞通釋》（北京：新華書店，1985），頁546。

「輩」與「等」、「屬」相互比較，可以發現當「輩」用於第一人稱代詞或第二人稱代詞時，說話人帶有自我貶抑、輕賤的態度，甚至用於其他詞之後也經常帶有輕視的態度，如例 2「其輩」是用來表示那些「坐法當斬」的罪人。

（五）等

「等」作助詞用於指人、事、物的名詞或代詞之後，表示多數。例如：

1. 貫高與客孟舒等十餘人，皆自髡鉗，為王家奴，從來。（〈張耳陳餘列傳〉，頁 2584）

2. 信亡走匈奴。與其將白土人曼丘臣、王黃等立趙苗裔趙利為王，復收信敗散兵，而與信及昌頓謀攻漢。（〈韓信盧綰列傳〉，頁 2633）

「等」用於名詞後有兩種用法，「等₁」是概括前面已列舉的和未列舉的其餘多數，如例 1「貫高與客孟舒」的人數較「等₁」後面的數字「十餘人」來得少，可以清楚的看出助詞「等」概括的不僅是已羅列出的人，更包含了未列舉的其餘人。例 2 是韓王信叛逃至匈奴後，與曼丘臣、王黃等人共立趙利為王。

3. 吾王長者，不倍德。且吾等義不辱，今怨高祖辱我王，故欲殺之，何乃汙王為乎？（〈張耳陳餘列傳〉，頁 2583）

4. 公等皆死，誰白王不反者！（〈張耳陳餘列傳〉，頁 2584）

5. 如彼等者，無足與計天下事。（〈黥布列傳〉，頁 2599～2600）

「等₂」用於代詞、指代詞後，表示複數。通常是用在對話中，而不是用於一般的敍述中，有著較為濃重的口語色彩。〔註63〕例 3 至例 5「等」分別置於代詞「吾」、「公」、「彼」之後，表示我們、你們。

（六）屬

「屬」用在指人、事、物的名詞或代詞後，表示多數或同類別。例如：

1. 於是越乃引一人斬之，設壇祭，乃令徒屬。（〈魏豹彭越列傳〉，頁 2591）

2. 燕王寵，迺詐論它人，脫勝家屬，使得為匈奴閒，而陰使范齊之陳豨所，欲令久亡，連兵勿決。（〈韓信盧綰列傳〉，頁 2638）

例 1 與例 2「屬₁」用於名詞「徒」、「家」後。

〔註63〕參考王玉仁、王曉琳〈"儕"、"輩"、"屬"、"曹"、"等"之我見〉，《渤海大學學報（哲學社會科學版）》第 4 期（2009 年），頁 124。

3. 貫高至，對獄曰：「獨**吾屬**爲之，王實不知。」（〈張耳陳餘列傳〉，
　　頁 2584）

例 3「屬₂」用於代詞「吾」後，帶有連類而及的意思，當說「吾屬」的時候，大多數是以「吾」爲中心，並牽延其同類，含有「不僅我，連同我們一類也都……」的意思。〔註64〕

從春秋戰國時期開始，逐漸有了把「等」、「屬」、「輩」、「曹」、「儕」等字粘附在第一、第二人稱代詞及部分謙稱或尊稱之後，表示「我們這幫人」、「你們這班人」的意思。在《史記》亂臣篇章中，司馬遷嘗使用「等」、「屬」、「輩」、「曹」，其中「等」、「屬」兩者的意義雖然大致相同、相近，但在用法上有著細微的差別的：

表 3-2 「等₂」、「屬₂」的異同

區別　　　助詞	異	同
等₂	列舉未盡。	1. 粘附在第一、第二人稱代詞及部分謙稱或尊稱之後。
屬₂	具連類而及的特性。	2. 用於對話，具口語色彩。 3. 情感色彩中性。

「等₂」表示列舉未盡，大部分用於對稱，少數用於自稱；「屬₂」誠如上文所述，具有牽涉性質，以上二字通常沒有自謙的意味，亦無貶抑對方的意味。〔註65〕

〈張耳陳餘列傳〉於貫高、趙午等人謀刺劉邦的段落，反復地使用列舉助詞「等₂」、「屬₂」，表現出參與謀刺劉邦行動的人不在少數；另一方面，在「等₂」、「屬₂」之後的語句中定會出現「王」字，例如、「公等皆死，誰白王不反者」、「獨吾屬爲之，王實不知」，將「王」驅逐出吾等、吾屬的概括範圍之外，清楚地將張敖與此事件劃分開來。

（七）夫

「夫」作助詞是指示代詞進一步虛化的結果，有時仍帶有微弱的指代作用。既可以出現於句首，也可以出現在句中，《史記》亂臣篇章中助詞「夫」

────────────

〔註64〕參考王玉仁、王曉琳〈"儕"、"輩"、"屬"、"曹"、"等"之我見〉，《渤海大學學報（哲學社會科學版）》第 4 期（2009 年），頁 125。

〔註65〕參考王玉仁、王曉琳〈"儕"、"輩"、"屬"、"曹"、"等"之我見〉，《渤海大學學報（哲學社會科學版）》第 4 期（2009 年），頁 123～126。

皆位於句首，專做發語詞用，其作用在於提引下文將要發表議論或概述事物的特徵，所標誌的對象大多是主語，受謂語的評論或說明。例如：

1. 夫北面而臣事人者，固若是乎？（〈黥布列傳〉，頁 2600）

2. 夫隨廝養之役者，失萬乘之權；守儋石之祿者，闕卿相之位。（〈淮陰侯列傳〉，頁 2625）

3. 夫以交友言之，則不如張耳之與成安君者也；以忠信言之，則不過大夫種、范蠡之於句踐也。（〈淮陰侯列傳〉，頁 2625）

例 1 是隨何遊說黥布反楚投漢，「夫」後為名詞性結構，所標誌的對象是人，並以謂語進行評論。例 2 是蒯通再勸韓信反漢自立為王，透過謂語進行說明。此外，助詞「夫」經常與句末語氣詞「也」相互呼應，例 3「夫……也」的句式表示整個複句具有論斷或說明的性質。《史記》亂臣篇章中助詞「夫」共 26 例，以蒯通使用次數最為頻繁，隨何次之，這些「說客」與先秦時期遊走於各國的縱橫家無異，〔註 66〕欲憑藉三寸不爛之舌以撼動天下事，他們所說的話自然要比他人更具邏輯性、更能引起別人關注，故而使用「夫」字以領議論，引起訊息接收者的注意力。從這點就可以發現司馬遷在營造人物形象時的用心，在他的安排下，什麼人就要說什麼話。

4. 將軍身被堅執銳，率士卒以誅暴秦，復立楚社稷，存亡繼絕，功德宜為王。且夫監臨天下諸將，不為王不可，願將軍立為楚王也。（〈張耳陳餘列傳〉，頁 2573）

5. 吾平生知韓信為人，易與耳。且夫救齊不戰而降之，吾何功？（〈淮陰侯列傳〉，頁 2620～2621）

《史記》亂臣篇章中的「夫」還常以複合虛詞「且夫」的形態出現，表示要進一步論述。例 4 為陳中豪傑父老建議陳涉自立為楚王，用「且夫」提引更進一步的論點。例 5 是龍且針對將士的勸諫時的回應，他首先以韓信的為人作為立論基礎，接著以「且夫」引出第二個要出兵正面對抗的原因。

五、語氣詞的運用

漢語是孤立語，缺乏詞的形態變化，其語氣是通過詞彙、語調和語氣詞

〔註 66〕凌豹即曰：「觀何說詞與其行事，絕是戰國說客風度。」詳見〔明〕凌稚隆輯校，有井範平補標《史記評林‧魏豹彭越列傳》（台北：地球出版社，1992），頁 2196。

來表達，其中語氣詞是專門用來表達語氣的，為漢語特有的一個詞類，馬建忠說：「助字者，華文所獨，所以濟夫動字不變之窮。」〔註67〕漢語裡有豐富多彩的語氣詞，不同語氣詞抒發情緒的強烈程度各有差異，恰當地使用語氣詞可以表達出各種語氣情態、色彩和意味的差別，傳達出不同的思想。《史記》亂臣篇章中的語氣詞共有11個，按出現的頻率由高至低排列是：也、矣、耳、乎、哉、邪、焉、夫、為、然、云。

（一）也

語氣詞「也」用於表示靜態的判斷或確認，是古漢語中使用頻率最高的一個虛詞，《史記》亂臣篇章共使用161次，在語氣詞的比例達54.4%，林琴南認為：「史公諸傳，每用『也』字必有深意，然為法不等。」〔註68〕例如：

1. 張耳者，大梁人也。（〈張耳陳餘列傳〉，頁2571）

2. 今漢王慢而侮人，罵詈諸侯羣臣如罵奴耳，非有上下禮節也，吾不忍復見也。（〈魏豹彭越列傳〉，頁2590）

例1「也」位於判斷句句末，表示確認、判斷的語氣，通常和主語後面的「者」字構成「……者，……也」的句式，為古代漢語判斷句的典型結構。例2司馬遷連用兩個「也」，第一個「也」字直指劉邦的無禮，第二個「也」字則表現出魏豹堅決的態度。

3. 曰：「君知張耳、陳餘何如人也？」（〈張耳陳餘列傳〉，頁2577）

例3是特指疑問句句末，前方有疑問代詞「何」，此時「也」的作用是強調這是一個需要回答的真問題，而答案通常於後文揭曉。「也」字本身的傳疑性並不強，它通常出現在疑問性很強的句子裡，或者和疑問代詞、疑問副詞搭配使用。〔註69〕

〔註67〕〔清〕馬建忠《馬氏文通》（北京：商務印書館，2004），頁323。馬氏所謂的助字，實際上只包括句末語氣詞。詳見王海棻《馬氏文通與中國語法學》（合肥：安徽教育出版社，1998），頁68。

〔註68〕林紓《春覺齋論文・也字用法篇》，收入郭紹虞、羅根澤編《中國古典文學理論批評專著選輯》（北京：人民文學出版社，1959），頁135。

〔註69〕楊樹達、裴學海、呂叔湘等語法學家說明句末語氣詞「也」為疑問之詞；然而，王力在論述「也」與「耶」字的差別時，云：「『也』字本身不表示疑問」。研究者基本同意王力的論點，在歸納統整亂臣篇章中的語氣詞時，發現疑問句並非由語氣詞「也」所表現，而是由疑問副詞、疑問代詞，甚至是語境所表達，因此，研究者認為「也」在疑問句中的作用是起到加強疑問語氣的作用。詳見王力《古代漢語（校訂重排本）》（北京：中華書局，2007），頁250。

（二）矣

句末語氣詞「矣」最常用來表示動態的說明，敘述事物已經發生的某種變化（已然），或者推論之後將會、必定會怎麼變化（將然）。《史記》亂臣篇章共使用 41 次，多用於敘述句或描寫句，例如：

1. 王始不往，見讓而往，往則為禽**矣**。不如遂發兵反。（〈魏豹彭越列傳〉，頁 2594）

2. 魏豹、彭越雖故賤，然已席卷千里，南面稱孤，喋血乘勝日有聞**矣**。（〈魏豹彭越列傳〉，頁 2595）

3. 臣愚，竊以為亦過**矣**！（〈淮陰侯列傳〉，頁 2618）

4. 今公為燕欲急滅豨等，豨等已盡，次亦至燕，公等亦且為虜**矣**。（〈韓信盧綰列傳〉，頁 2638）

例 1 是說話者扈輒根據目前的事態評估過後的將然。例 2「矣」字表已然之事。例 3 則是在「矣」前使用帶有評價意義的動詞「以為」，以示說話人的主觀看法與評價。例 4 則是有先作假設而申論後果的將然。

5. 韓信謝曰：「先生且休**矣**，吾將念之。」（〈淮陰侯列傳〉，頁 2625）

「矣」的祈使語氣通常由語境、語調和否定副詞承擔，例 5 的禁止語氣是透過語境來實現，對於蒯通鼓吹反漢，韓信最開始是述說漢王對自己的禮遇，當蒯通再多言時，韓信態度強硬地阻止他再多說下去，這是說話人（韓信）對聽話人（蒯通）在反映、態度上的變化。

用於直陳語氣的「也」和「矣」有很大區別，詳見下表：

表 3-3 也、矣比較表

語氣詞 ＼ 區別	狀態	直陳
也	靜態：固然、當然	表述對事物的是非判斷、解釋說明
矣	動態：已然、將然	表述事物的發展變化

「也」表靜止性的事實，無論固然或當然的事都是無變化的，無時間性的，大多用於敘述靜態事物的句子；「矣」表變動性的事實，無論已然或將然的事，都是變化、有時間性的。例 2「魏豹、彭越雖故賤，然已席卷千里，南面稱孤，喋血乘勝日有聞矣」中的「矣」倘若改作「也」，就變得只是單純的陳述一個事實，而「矣」卻說明了時間性，意謂喋血乘勝日則有聞，身已為王，彼時

不反，此時乃反，（註70）整個語句與〈淮陰侯列傳〉「天下已集」有異曲同工之妙。

（三）耳

「耳」可作句末、句中語氣詞，《史記》僅將「耳」當句末語氣詞，（註71）亂臣篇章共使用 32 次。例如：

> 1. 彼無異故，智略絕人，獨患無身耳。得攝尺寸之柄，其雲蒸龍變，
>   欲有所會其度，以故幽囚而不辭云。（〈魏豹彭越列傳〉，頁 2595）

例 1「獨患無身耳」五字，副詞「獨」限制「患」的範圍，「耳」作為限止語氣使用，寫出僅怕不復存在的英雄心胸，司馬遷用兩個限制虛詞修飾「無身」，看似極輕，實則語感極重。

> 2. 若雖長大，好帶刀劍，中情怯耳。（〈淮陰侯列傳〉，頁 2610）
>
> 3. 諸將易得耳。至如信者，國士無雙。（〈淮陰侯列傳〉，頁 2611）

例 2 句末語氣詞「耳」表示限止語氣，可譯為罷了；例 3「耳」表示肯定或作為句子的停頓、結束，可譯為呢、啊，這種用法的「耳」就文言原句而論，前面的詞語都是偏屬消極的意思（例如：易得），整體看來帶有不足或僅此之意。

「耳」字的語氣，可以同「也」、「矣」字作比較。（註72）其語氣、情感色彩的差異可見於表 3-4：

表 3-4　也、矣、耳比較表

區別 語氣詞	語　氣	情感色彩
也	判定或解釋	當它一回事
矣	敷陳不解釋	當它一回事
耳	判定或解釋	僅此、不把它當回事

〔註70〕劉辰翁曰：「喋血乘勝日有聞矣，不可解，看上語意謂喋血乘勝日則有聞，身已為王，彼時不反，此時乃反，如此下語，最是用力處。」詳見〔明〕凌稚隆輯校，有井範平補標《史記評林・魏豹彭越列傳》（台北：地球出版社，1992），頁 2188。

〔註71〕許璧《史記稱代詞與虛詞研究》（台北：國立台灣師範大學歷史研究所博士論文，1975），頁 818。

〔註72〕參考呂叔湘《文言虛字》（台北：文史哲出版社，1975），頁 147。

「耳」和「也」同爲判定、解釋語氣，但兩者顯有輕重之分；「耳」與「矣」的差異在於「耳」傾向小的語感，「矣」則傾向大的語感，〔註73〕試比較「臣愚，竊以爲亦過也」、「臣愚，竊以爲亦過矣」與「臣愚，竊以爲亦過耳」三句，最後者的語氣不若前兩者那般語重心長，並且「過」的程度似乎也有所不同。

（四）焉

語氣詞「焉」是從代詞「焉」發展而來的，這兩種用法沒有明確的界限。代詞「焉」實講「在那兒」，而語氣詞「焉」所表示的語氣正是這種帶點指示引人注意的語氣，〔註74〕例如：漢王還定三秦，渡臨晉，魏王豹以國屬焉，遂從擊楚於彭城（〈魏豹彭越列傳〉，頁 2590），此句的「焉」是代詞，等同「於之」（「之」用以指人或物），意爲魏豹以國屬於漢王。作語氣詞的「焉」一般都位於陳述句句末，起提示、強調的作用，例如：

1. 狂夫之言，聖人擇焉。（〈淮陰侯列傳〉，頁 2618）
2. 秦失其鹿，天下共逐之，於是高材疾足者先得焉。（〈淮陰侯列傳〉，頁 2629）

例 1 起著強調的作用，廣武君引用古人之言以勸諫韓信，意指即使是狂夫說的話，也有讓聖人考慮的價值啊。例 2 已出現「於是」二字，可以清楚判斷「焉」爲句末語氣詞，純表語氣。

（五）哉

句末語氣詞「哉」表達強烈的感歎語氣，即使用於反詰、疑問句式中，仍舊帶有感歎的性質。例如：

1. 及據國爭權，卒相滅亡，何鄉者相慕用之誠，後相倍之戾也！豈非以勢利交哉？（〈張耳陳餘列傳〉，頁 2586）
2. 懷畔逆之意，及敗，不死而虜囚，身被刑戮，何哉？（〈魏豹彭越列傳〉，頁 2595）

例1「豈非以勢利交哉」用「豈」字負載反詰的語氣，而語氣詞「哉」則帶感歎，整體情感強烈，所以如此憤慨，是由於司馬遷將個人身世移植於此。天漢二年（西元前 99 年）他爲李陵辯護而身陷囹圄時，急切地需要親朋友好幫

〔註73〕參考許威漢《漢語詞彙學導論（修訂版）》（北京：北京大學出版社，2008），頁 64。
〔註74〕參考呂叔湘《文言虛字》（台北：文史哲出版社，1975），頁 142～145。

助，然而現實卻是「交遊莫救，左右親近不爲一言」，［註75］也就是在那時候他認清了人情冷暖，平日裡那些與自己友好的人們，不過是爲了利益罷了，因此當他書寫至此，不免借他人之遭遇，抒自己胸中之憤慨。例2「哉」用於疑問句末表達感歎，疑問代詞「何」負擔了句子的疑問語氣，這類句子雖非反詰，可也不是單純的詢問，仍然帶有感歎的語氣。

（六）乎

「乎」爲古漢語中使用頻率最高的疑問語氣詞，用以表疑問語氣。亂臣篇章共使用了32次（佔疑問語氣詞的81.6%），例如：

1. 蒯通至，上曰：「若教淮陰侯反乎？」（〈淮陰侯列傳〉，頁2629）

2. 上問曰：「守、尉反乎？」（〈韓信盧綰列傳〉，頁2640）

3. 中材已上且羞其行，況王者乎！（〈魏豹彭越列傳〉，頁2595）

例1與例2「乎」的主要功能是眞性的詢問語氣，用在是非問句中，在這類問句中，「乎」的疑問程度最強烈，兩個例句都是與諸侯王謀反有關的詢問，足見劉邦態度、口氣的強硬。例3「況……乎」構成反問句，「乎」字仍是疑問的口氣，只是疑問的成分較輕微，讓人無從回答。

亂臣篇章裡，韓信等人多用「乎」來達到反詰語氣，而少用「哉」，研究者推測這與說話者的身分、語境密切相關，呂叔湘說：「用『乎』字仍是問的口氣，只是問得你沒有口開；用『哉』字則根本不要你回答。」［註76］「哉」的語氣較「乎」來得激烈，以臣屬、說客的身分並不合適以「哉」反問，以韓信爲例，他僅使用過一次：「吾悔不用蒯通之計，乃爲兒女子所詐，豈非天哉！」（〈淮陰侯列傳〉，頁2628）直到臨終才使用「哉」字，一來身分上已無牽掛，二來面臨死亡，感慨、悲痛、悔恨等情緒也更爲深刻，用語因此較強烈。

（七）邪

「邪」表示疑問語氣，語氣不如「乎」強烈，可以用來詢問人、事物、時間、原因、方法等。例如：

1. 此亦各欲南面而王，豈欲爲卿相終已邪？（〈張耳陳餘列傳〉，頁2577）

［註75］〔漢〕司馬遷〈報任安書〉，收入王力《古代漢語（校訂重排本）》（北京：中華書局，2007），頁914。

［註76］呂叔湘《文言虛字》（台北：文史哲出版社，1975），頁153。

2. 且天下銳精持鋒欲爲陛下所爲者甚眾，顧力不能耳。又可盡亨之
　　邪？（〈淮陰侯列傳〉，頁2629）

3. 使何得見，言之而是**邪**，是大王所欲聞也；言之而非**邪**，使何等
　　二十人伏斧質淮南市，以明王倍漢而與楚也。（〈黥布列傳〉，頁
　　2600）

例1「邪」與疑問副詞「豈」構成反詰語氣，廝養卒的這段話雖是疑問，卻帶
著幾分譏諷，道破張耳、陳餘不甘只是卿相的私欲，並揭示「以勢利交」的
兩人終將反目成仇。例2「邪」位於疑問語氣的是非問句之末，用法和「乎」
字的表疑問語氣用法相同。例3「邪」用於分句之末，表示停頓。

（八）夫

「夫」作語氣詞用於句末，表感嘆、判斷、疑問等語氣。亂臣篇章中僅
見1例，用於感嘆句句末：

　　於戲悲**夫**！夫計之生孰成敗於人也深矣！（〈韓信盧綰列傳〉，頁
　　2642）

對於韓王信、盧綰、陳豨三人的成敗，司馬遷於論贊中連用嘆詞「於戲」與
語氣詞「夫」，發出了深深的感慨。

六、虛詞的文體特徵

《史記》負載著「究天人之際，通古今之變，成一家之言」的使命，其
語言不僅只有敘事語言，同時還有人物語言、論贊語言。《史記》屬於記述文，
主要是通過敘述來寫人記事，其敘事語言乃是全書的主體，亂臣篇章的敘事
語言共9140字；人物語言次之，共7583字；論贊語言則僅有530字。虛詞
於敘事語言、人物語言以及論贊語言的使用情形，詳見表3-5：

表3-5　亂臣篇章虛詞使用表

數量＼類型	敘事語言	人物語言	論贊語言	總計
字數	9140	7583	530	17253
虛詞數	1151	1813	123	3087
百分比	12.59%	23.9%	23.2%	17.89%

虛詞總計 3087 例，敘事語言虛詞共 1151 例，人物語言虛詞 1813 例，而論贊語言虛詞有 123 例，各類語言的虛詞使用量佔各類語言總字數的百分比分別是：敘事虛詞比重 12.59%、人物語言虛詞比重 23.9%、論贊語言虛詞比重 23.2%。〔註 77〕人物語言以及論贊語言的虛詞使用量皆超過 20%，篇幅最多的敘事語言其虛詞使用量卻不及 15%，研究者進一步探討各亂臣篇章使用虛詞的傾向，其結果顯示大抵與整體一致，唯人物語言與論贊語言的使用頻率在各篇章中有些微的不同，〈張耳陳餘列傳〉、〈魏豹彭越列傳〉、〈黥布列傳〉論贊語言使用虛詞的頻率最高，人物語言次之；〈淮陰侯列傳〉、〈韓信盧綰列傳〉人物語言虛詞的使用率高於論贊語言。

研究者認為《史記》亂臣篇章所以呈現「敘事語言＜人物語言≒論贊語言」是司馬遷考慮到史書文體性質的結果。就原則上來說，司馬遷的客觀描寫和主觀見解是分開去處理的，大抵在傳記中的敘事語言往往是純粹客觀的，〔註 78〕《史記》用敘事語言開展歷史因果、說明歷史事實，其文字表現必須避免帶有自身立場，因此反映情感的虛詞在使用時也就有所節制。

人物語言是構成《史記》不可或缺的要素，不僅與敘事語言共同負擔說明、解釋歷史事實的任務，更是塑造人物形象的一個重要手段。《史記》的人物語言受司馬遷整個創作思想感情的統攝，又根據人物不同的性格特徵、生活經驗、具體環境條件和心理情緒等因素而呈現出個性化，〔註 79〕使讀者見其言即知其人，聞其聲便知其性，風格成熟的作家都善於運用詞語句式的特點來表現人物性格的特點。〔註 80〕司馬遷透過對虛詞的選擇創造出了各式各樣的言語色調，表現不同的人物性格。例如，在對待劉邦的迫害上，黥布採取了起兵造反，當劉邦問他為何而反，黥布答道：「欲為帝耳。」（頁 2606）用語氣詞「耳」作結，充滿豪氣、悲劇性，同時也表現出與彭越、韓信等人性格上的差異。

另外，司馬遷亦藉由人物的評論或反應——往往是透過好幾個人的話來評論，不一定用正面的話，也用側面或反面——表達他對重大事件的看法，寄寓己身立場。例如〈淮陰侯列傳〉一再地透過武涉、蒯通的口刻揭示韓信

〔註 77〕 百分比公式：「敘事語言總虛詞數／敘事語言總字數」，依此類推。
〔註 78〕 參考李長之《司馬遷之人格與風格》（台北：里仁書局，2008），頁 246。
〔註 79〕 所謂語言個性化，就是作者對人物語言的主觀控制，讓所塑造的人物說自己應該說的話。詳見楊樹增《史記藝術研究》（北京：學苑出版社，2004）頁 292。
〔註 80〕 張德明《語言風格學》（高雄：麗文出版社，1995），頁 294。

終被劉邦擒拿的歷史事實，「今足下雖自以與漢王爲厚交，爲之盡力用兵，終爲之所禽矣」（頁2623）、「足下自以爲善漢王，欲建萬世之業，臣竊以爲誤矣」（頁2624）、「故臣以爲足下必漢王之不危己，亦誤矣」（頁2625），幾句皆使用最能夠代表司馬遷諷刺和抒情的語氣詞「矣」作結，〔註81〕表現出韓信的錯誤認知所引起的消極後果，以及司馬遷對此事的感嘆和諷意。通過其他人物的言語對一個歷史事件進行評價的書寫手法，有助司馬遷在堅守史家「不虛美，不隱惡」原則的同時，亦確保自己不觸犯當局，由人物語言所闡發的觀點無論是褒是貶，都與敘事者、「太史公曰」無直接關係，但他的論點卻通過這樣的表達形式給人以有力的感染。

　　主觀的評衡則可見每篇的論贊語言。「太史公曰」以「敘事語言」所展示的歷史事實作爲評論對象，呈現司馬遷一家之言的歷史思想，相對而言，較不受到史書文體性質的桎梏，故而虛詞的使用量比起敘事語言要來得多，例如〈韓信盧綰列傳贊〉：「於戲悲夫！夫計之生孰成敗於人也深矣！」（頁2642）接續使用嘆詞「於戲」、語氣詞「夫」和「矣」、助詞「夫」等即可見出司馬遷感慨之深。此外，當司馬遷把自己的不幸遭遇同歷史事蹟交織在一起時，其鬱積在心中的感情衝動更是一口氣噴發出來，例如〈魏豹彭越列傳贊〉：

> 魏豹、彭越雖故賤，然已席卷千里，南面稱孤，喋血乘勝日有聞矣。懷畔逆之意，及敗，不死而虜囚，身被刑戮，何哉？中材已上且羞其行，況王者乎！彼無異故，智略絕人，獨患無身耳。得攝尺寸之柄，其雲蒸龍變，欲有所會其度，以故幽囚而不辭云。（頁3595）

彭越等人甘願身被囚禁、用刑，也不肯受死，是由於他們在等待東山再起的時機如此而已。於整個段落裡，司馬遷選用「矣」、「何哉」、「況……乎」、「耳」、「云」這些明顯帶有感情色彩的虛詞，〔註82〕傳達激昂慷慨的情感，寄託深切的同情，李景星云：「『獨患無身耳』五字，寫出英雄心胸，大是奇語。『以故幽囚而不辭云』，說魏、彭二人，并觸動自事心，言外有無窮感傷，不可呆讀。」〔註83〕所謂的「觸動自事心」，即司馬遷受宮刑而不死，他於〈報任安

〔註81〕李長之《司馬遷之人格與風格》（台北：里仁書局，2008），頁329。

〔註82〕論贊語言共有語氣詞19例，其中語氣較爲強烈、激越的「哉」字（共6例）可見於每一篇章的論贊語言。

〔註83〕〔清〕李景星著，陸永品點校《史記評議》（上海：上海古籍出版社，2008），頁179～180。

書〉自言：「所以隱忍苟活，幽於糞土之中而不辭者，恨私心有所不盡，鄙陋沒世，而文采不表於後也。」〔註84〕他所以忍受著屈辱苟活，陷於如糞土般的污濁環境中而不肯死，是恨內心的志願有所未盡，如果在屈辱中離開人世，《史記》一書恐不能流傳於世。這種連連使用嘆詞、語氣詞、助詞的情況，在崇尚簡勁、樸茂、暢達的敘事語言中是見不到的。

　　從上述中可以發現虛詞於《史記》亂臣篇章所以呈現「敘事語言＜人物語言≒論贊語言」的傾向，是受到史書文體性質的影響：助人物形象、寄託作者喜惡的人物語言以及直抒胸臆的論贊語言虛詞數量多，而說明歷史事實的敘事語言虛詞數量少。

〔註84〕　〔漢〕司馬遷〈報任安書〉，收入王力《古代漢語（校訂重排本）》（北京：中華書局，2007），頁918。

第四章 《史記》亂臣篇章同義詞的風格表現

　　語言風格學者認為語言同義結構的選擇對語言風格的形成有著重要的作用，其中詞彙平行成分的研究更是主要任務之一。﹝註1﹞呂叔湘〈語言和語言學〉談到：「同義語逐漸取得細微的意義上和色彩上的差別，在一般的修辭上，特別是在各種風格的發展上，有很大的用處。」﹝註2﹞即便所表述的內容相同，但受到制導因素的影響，作家作品在表達方式上或多或少存在著差異，這點在同義詞的選擇上尤其明顯，許多個人的語言風格都是經由這些存在於同義詞間的細小差異表現出來的。

　　古代漢語的同義詞非常豐富，是漢語詞彙系統豐富詳備、漢語表情達意細緻準確的重要標誌。﹝註3﹞一般說來，作者通常力避字詞重出（這裡排除有意疊沓的情況），尤其是實詞，劉勰《文心雕龍‧練字》說：

> 是以綴字屬篇，必須練擇：一避詭異，二省聯邊，三權重出，四調單複。……重出者，同字相犯者也。詩騷適會，而近世忌同，若兩字俱要，則寧在相犯。故善為文者，富於萬篇，貧於一字，一字非少，相避為難也。﹝註4﹞

﹝註1﹞ 詞彙的同義結構有廣義的和狹義的兩種，前者注意詞語在語境中的運用，是動態的；後者是傳統詞彙學的研究方法，認為同義詞即使脫離語境意義仍基本相同，偏屬靜態的。本章所講的是狹義的同義結構，也就是詞彙學研究中的同義詞，廣義的同義結構之相關論述詳見第五章。

﹝註2﹞ 呂叔湘《呂叔湘全集‧第七卷》（瀋陽：遼寧教育出版社，2002），頁46。

﹝註3﹞ 參考楊雅麗《《禮記》語言學與文化闡釋》（北京：人民出版社，2011），頁146。

﹝註4﹞ 〔南梁〕劉勰著，范文瀾註《文心雕龍注‧練字》（台北：學海出版社，1991），頁624～625。

劉氏指出經典作家往往講究遣詞煉句，一字一詞的運用皆要權衡得宜，盡量避免一再地重複，而同義詞即是選用不同的詞來表達相同的概念，是行文避複的重要手段。《史記》存有大量的同義詞，約佔詞語總數的82%（這僅是針對名詞、動詞、形容詞的統計結果），〔註5〕此數據說明了一個現象，即，同義詞的研究基本反映了《史記》詞語的主要特色。

第一節　同義詞的定義與標準

　　古漢語同義詞研究仍存在著一些不足，諸如理論缺乏系統性、認定手段主觀、術語不明確等，〔註6〕所以在研究古漢語同義詞時，首要工作是界定同義詞。目前多數學者採用王力於《同源字典》所提出的定義：

> 所謂同義，是說這個詞的某一意義和那個詞的某一意義相同，不是
> 說這個詞的所有意義和那個詞的所有意義相同。〔註7〕

他提倡以一個義位作爲歸納同義詞的標準，即所謂的「一義相同」說。持此論點的學者如趙克勤、池昌海：

> 兩個或兩個以上的詞，它們所包含的一個意義相同，而在其他意
> 義、風格特徵、感情色彩或用法上存在著細微的差別，就叫同義詞。
> 〔註8〕

> 若干個詞語間，如在同一意義層面上有一個相同、相近的義位內容
> （對於單義詞來說也可理解爲詞義核心），則諸詞語具有同義關係。
> 〔註9〕

又，毛遠明的說法更爲詳細：

> 語言中一組組意義相同或相近而又有細微差別的詞稱同義詞。這樣
> 定義，還需要加以說明。一組同義詞總是共有一個或幾個相同或相
> 近的義位，表達相同或者十分近似的概念。其理性意義是相同的，

〔註5〕參考池昌海《史記同義詞研究》（上海：上海古籍出版社，2002），頁6。

〔註6〕池昌海〈對漢語同義詞研究重要分歧的再認識〉，《浙江大學學報》第29卷第
　　　　1期（1999年2月），頁77～81。

〔註7〕王力《同源字典》（北京：商務印書館，1982），頁24。

〔註8〕趙克勤《古代漢語詞彙學》（北京：商務印書出版社，1994），頁121。

〔註9〕池昌海〈對漢語同義詞研究重要分歧的再認識〉，《浙江大學學報》第29卷第
　　　　1期（1999年2月），頁82。

這是同義詞聚合的基礎；但是，同義詞各詞語之間又有差別，它們
在補充意義、風格特徵、感情色彩、搭配意義等方面，又有各自不
同的涵義。〔註10〕

這三位學者都認爲「同義詞」是指一組詞語間至少有一個相同或相近的義位，
換句話說，如果各詞是多義詞，只要一個義位相同（不管這個意義是否是主
要的、常用的），就可視爲同義詞，而不需要全部義位都相同。例如：

卒：**士兵**。《孫臏兵法・篡卒》：「兵之勝在於篡卒。」

　　死亡。《左傳・僖公十六年》：「公子季友卒。」

　　結束。《史紀・匈奴列傳》：「語卒，而單于大怒。」

兵：**士兵**。《三國志・吳書・吳主傳》：「將軍賀達等將兵萬人。」

　　兵器，武器。《詩經・秦風・無衣》：「修我甲兵。」

　　軍事，戰爭。《孫子兵法・計篇》：「兵者，國之大事也。」

「卒」與「兵」都是多義詞，兩者在士兵義構成同義詞組；而「卒」在死亡
義則與「崩、殂、死」等詞構組另一同義詞群。〔註11〕由是可見，一個多義
詞可以分屬在不同語義場，出現在若干個同義詞類聚。

　　另外，根據詞義等同的程度又可以分爲同義詞、近義詞兩種不同的類型。
無論是詞的詞彙意義、語法意義、風格特徵、色彩意義都完全相同的詞群稱
「等義詞」，或稱「絕對同義詞」，然而其在整個漢語詞彙體系裡是相當少量
的，絕大多數的詞語之間意義並非完全等同，這些存有一項或若干項區別特
徵的詞群稱「近義詞」，也可以稱爲「相對同義詞」。「近義詞」間彼此相同的
部分，表現出同類事物的共同特徵，是同義聚合的根基；相異的部分，則表
現出同類事物的個別特有功能，可能是使用範圍的寬窄有別、或者是表現程
度的高低不同、或許是感情色彩有褒有貶……依靠這種細微的差別，除了可
以有效地表現出豐富的思想情感外，同義詞的使用，還可以避免用詞單調、
重複，使語言富有變化，收到積極的修辭效果。〔註12〕

　　綜合諸多學者對同義詞的界定，本章調查研究《史記》亂臣篇章同義詞
的基本依據、有以下三點：

〔註10〕毛遠明《左傳詞彙研究》（重慶：西南師範大學出版社，1999），頁218。

〔註11〕「卒」、「兵」之字義參考王力等編，蔣紹愚等增訂《古漢語常用字字典（第4
　　　　版）》（北京：商務印書館，2005），頁25、521。

〔註12〕許威漢《漢語詞彙學導論（修訂版）》（北京：北京大學出版社，2008），
　　　　頁237。

一、「同義詞」是指一群詞在一個義位上相同，而不是所有義位都相同。

二、同義詞群的詞性應相同，倘若詞性相異則屬不同的語義場。〔註13〕

三、只涉及實詞（主要是名詞、動詞、形容詞）並以單音節詞為主。

本論文遵循此標準以考察《史記》亂臣篇章中同義詞的使用情況，辨析司馬遷如何選用不同詞語來表現相同的概念，以及其間差異所形成的「種種不同意味」為何。

第二節　《史記》亂臣篇章中的同義詞

同義詞的產生源自於社會不斷地發展和人們對事物、行為、概念的深入認識，其間的細微差別表現出語言的高度嚴密性和精確性。歷代優秀的作家多能依照事件類型、行為方式、屬性狀態等選擇最恰當的詞語，使作品層次分明、富含變化。《史記》存在的大量同義詞為作者揭示歷史事實、描述生活狀況等提供了積極而有效的手段，〔註14〕並且，司馬遷通過對同義詞的精心選擇和運用，不露聲色但確實且深刻地體現出自身對筆下人物和事件的主觀態度和情感傾向，池昌海即言：

> 司馬遷如此精細的選擇詞語，既可以準確記錄描寫客觀的歷史細
> 節，同時也充分反映出他個人在處理形象刻畫時在語言運用方面的
> 獨運匠心，其「意」不可謂不深。〔註15〕

《史記》裡的同義詞在紀錄史實方面，表現出準確性；在藝術技巧方面，則顯得生動且活潑；而在思想情感方面，則蘊含豐富的言外之意。

池昌海歸納整理《史記》同義詞類聚統共 826 組，名詞類 270 組、動詞類 429 組、形容詞類 127 組，〔註16〕研究者以此為基礎並參考相關典籍文獻，

〔註13〕關於詞性與同義詞的關係，歷來有三種說法：「一致說」、「不一致說」、「折中說」。池昌海認為，雖然不能從某個詞的詞性得到其具體詞義，但「我們可以從某個詞的詞性中得到其相對詞義指稱的共同類屬性。詞語間同義，當然首先得有詞義指稱的共同類屬性這一前提，這就勢必推導出『同義詞語應該有相同的詞性』的結論。」詳見池昌海〈對漢語同義詞研究重要分歧的再認識〉，《浙江大學學報》第 29 卷第 1 期（1999 年 2 月），頁 83。

〔註14〕參考池昌海《史記同義詞研究》（上海：上海古籍出版社，2002），頁 96～98。

〔註15〕池昌海《史記同義詞研究》（上海：上海古籍出版社，2002），頁 102。

〔註16〕根據《史記同義詞研究‧附錄三》，名詞類同義詞共 270 組、動詞類同義詞共 429 組、形容詞類同義詞共 127 組。詳見池昌海《史記同義詞研究》（上海：上海古籍出版社，2002），頁 162～269。

〔註17〕但因著研究範圍、詞類劃分、同義聚合尺度等條件的不同，所以同義詞間的構組、數量多少有些出入，舉例來說：池昌海將「曹、輩、等、屬」劃分爲名詞類，而本文將它們歸屬在虛詞研究的範疇，故不列入統計；《史記同義詞研究》有「問、訊、鞫（鞠）」動詞類同義詞組，然亂臣篇章僅出現「問」字，所以不予採計；池昌海認爲「攻、擊、侵、伐、襲」在攻擊義構成同義詞組，研究者酌參其他文獻資料，將其分爲表攻擊義的「攻、擊」與表示軍隊進攻的「侵、伐、襲」兩組動詞同義詞；《史記同義詞研究》區分表背叛義的「違、背（倍）、叛（畔）、負、貳、攜」組、表悖逆義的「悖（怫）、忤（悟）、逆」組以及表叛亂義「亂、反」組，實際分析亂臣篇章的用例後，將其合併做表背叛義的「背（倍）、叛（畔）、逆、反」組……如此篩選下來，亂臣篇章裡的同義詞共計 186 組（名詞類 45 組、動詞類 124 組、形容詞類 17 組）。

　　本節將以同義詞區別特徵體現最爲突出的語義層面爲主，兼論語法層面、語用層面，著重於辨析《史記》亂臣篇章同義詞組間的關係，也就是「顯其異」，至於「證其同」並不是主要目的。必須說明的是，本論文是詞彙風格的研究，同義詞僅是其中一個部分，受限於篇幅，不便展示出亂臣篇章的所有同義詞組，僅舉幾組區別特徵較爲鮮明的同義詞進行分析、說明。此外，同義詞組內各詞語的差異十分複雜，一組同義詞語可能僅有「範圍大小不同」這一個區別特徵，亦可能兼有「範圍大小」、「功能作用」等一個以上的不同區別特點，論述過程中將某組同義詞歸入某一語義區別特徵不過是爲了表述的方便，要透徹的分析同義詞詞義，必須從不同的角度、不同的層面去研究。

一、名詞同義詞群辨析

　　名詞是表示人、事、物等各種物體對象的名稱，對其內在特徵（如：範圍大小、材質、用途、使用對象等）的認識就構成了該類詞語意義的核心。《史記》亂臣篇章中名詞同義詞間的差異大致可分爲幾類，例如：

〔註17〕相關典籍文獻包括《周禮》、《禮記》、《左傳》、《爾雅》、《說文解字》、《廣雅》、《同源字典》、《簡明古漢語同義詞詞典》、《古辭辨》、《古代文化詞義集類辨考》、《史記辭典》、《古漢語常用字字典》等，所列書目的出版資訊詳見引用書目。

（一）指稱對象範圍大小

構成同義關係的詞語間有著共同的理性意義，區別主要表現在指稱對象範圍大小的不同。例如：

人、民

這組詞都可以表示人，《左傳·成公十三年》：「民受天地之中以生」，孔穎達疏：「民者，人也」（頁406）。兩者間的區別在於範圍大小不同，「人」的外延大，表示區別於動物的所有人，包括不同階級、不同地區、不同種族，在《史記》亂臣篇章中「人」的所指範圍很廣，用例很多（132例），如：

1. 項氏之所阬殺人以千萬數，而布常為首虐。（〈黥布列傳〉，頁2607）
2. 富人公乘氏以其女妻之，亦知陳餘非庸人也。（〈張耳陳餘列傳〉，頁2571）
3. （廝養卒）曰：「君知張耳、陳餘何如人也？」燕將曰：「賢人也。」（〈張耳陳餘列傳〉，頁2577）
4. 周昌疑之，疵瑕頗起，懼禍及身，邪人進說，遂陷無道。（〈韓信盧綰列傳〉，頁2642）

例1用於泛指一般意義上的人，不分性別、年齡，但凡是人類皆阬殺。「人」還可以同很多詞組合，從例2至例4即能夠看出此一特性，無論是積極意義的「富」、「賢」抑或是消極意義的「庸」、「邪」皆可用以修飾、限定「人」。

相較之下，「民」的外延窄，只能指民眾、普通老百姓，不能指上位的統治者和賢德之人。這是受到「民」本義的影響，《說文》：「民，眾萌也」，段注：「萌猶懵懵無知貌。」（頁633）在戰國以前，「民」是有人身自由、無知而需教化的勞力者；進入封建社會後，則用來泛指被統治的人群，成為民眾的通稱。《史記》亂臣篇章中僅有10例，如：

5. 北有長城之役，南有五嶺之戍，外內騷動，百姓罷敝，頭會箕斂，以供軍費，財匱力盡，民不聊生。（〈張耳陳餘列傳〉，頁2573）
6. 夫以足下之賢聖，有甲兵之眾，據彊齊，從燕、趙，出空虛之地而制其後，因民之欲，西鄉為百姓請命，則天下風走而響應矣，孰敢不聽！（〈淮陰侯列傳〉，頁2623～2624）

例5和例6選用「民」直指被統治者的苦痛與想望。

客、賓

這組詞都表示客人、來賓，《史記》中諸多「賓、客」連文、異文的語句，說明它們同義，二者區別在於：「客」的範圍比「賓」廣，《說文》：「客，寄也」（頁 344），地位不高、身分不重要，強調的是從別處來的人的寄居性。例如：

1. 貫高與**客**孟舒等十餘人，皆自髡鉗，爲王家奴，從來。（〈張耳陳餘列傳〉，頁 2584）
2. 及高祖初起沛，盧綰以**客**從，入漢中爲將軍，常侍中。（〈韓信盧綰列傳〉，頁 2637）
3. 上乃令人覆案豨**客**居代者財物諸不法事，多連引豨。（〈韓信盧綰列傳〉，頁 2640）

「客」泛指所有客人，還包括門下食客、國家客卿、旅居他鄉的人等，並沒有特別的色彩；相較之下，「賓」的應用範圍要小的多。《爾雅‧釋詁》：「賓，服也」，疏：「賓者懷德而服也」（頁 8），最早是指遠地諸侯等受感化而歸順朝廷，天子以隆重禮儀款待，後來「賓」用來指從別處來、地位尊貴的人，《說文》：「賓，所敬也」（頁 283），在態度上要恭敬、尊敬、以禮相待，強調的是尊貴性。〔註18〕例如：

4. 張耳、陳餘，世傳所稱賢者；其**賓客**廝役，莫非天下俊桀，所居國無不取卿相者。（〈張耳陳餘列傳〉，頁 2586）
5. 名譽雖高，**賓客**雖盛，所由殆與太伯、延陵季子異矣。（〈張耳陳餘列傳〉，頁 2586）
6. 陳豨，梁人，其少時數稱慕魏公子；及將軍守邊，招致**賓客**而下士，名聲過實。（〈韓信盧綰列傳〉，頁 2642）

經由所舉用例不難發現在語法特徵方面，「客」的語法能力較強，既可與「賓」連用，也可單獨活動（如例 1 到例 3）；而例 4 至例 6「賓」皆與「客」連用，《史記》亂臣篇章裡「賓」無單用例。〔註19〕

〔註18〕 參考周文德《《孟子》同義詞研究》（成都：巴蜀書社，2002），頁 269。

〔註19〕 針對「賓」的語法能力，池昌海認爲「賓」在秦漢前應爲單用能力很強的詞，無論是《論語》、《周禮》、《國語》等文獻中都可見單用例，這説明「賓」的單用能力至秦漢時減弱了，在單用這一特點上，出現了被「客」取代的趨勢。詳見池昌海《史記同義詞研究》（上海：上海古籍出版社，2002），頁 69。

（二）指稱對象功能作用

構成同義詞的詞語間理性意義、指稱對象都相同，命名的意義在於區別所指對象在功能和作用上的細微特徵。

關、塞

這組詞是指修在交通要道上的防禦工事，區別在於：「關」只指工事的出入口，《說文》：「關，以木橫持門戶也」（頁 596），塞門的作用就像門閂一樣，開啓則暢通無阻，關閉則內外隔絕，唯有通過塞門才可以出入要塞扼守著的往來必經要道；而「塞」指整個防禦工事，《說文》：「塞，隔也」（頁 696），堵塞起來，阻隔內外是其本義，作爲名詞則指在交通要隘處修的城堡工事。

1. 甘公曰：「漢王之入關，五星聚東井。東井者，秦分也。先至必霸。楚雖彊，後必屬漢。」（〈張耳陳餘列傳〉，頁 2581）

2. 項籍入關，王諸侯，還歸，彭越眾萬餘人毋所屬。（〈魏豹彭越列傳〉，頁 2592）

3. 項籍之引兵西至新安，又使布等夜擊阬章邯秦卒二十餘萬人。至關，不得入，又使布等先從閒道破關下軍，遂得入，至咸陽。（〈黥布列傳〉，頁 2599）

4. 今漢王復興兵而東，侵人之分，奪人之地，已破三秦，引兵出關，收諸侯之兵以東擊楚，其意非盡吞天下者不休，其不知厭足如是甚也。（〈淮陰侯列傳〉，頁 2622）

5. 夫銳氣挫於險塞，而糧食竭於內府，百姓罷極怨望，容容無所倚。（〈淮陰侯列傳〉，頁 2623）

6. 信上書曰：「國被邊，匈奴數入，晉陽去塞遠，請治馬邑。」（〈韓信盧綰列傳〉，頁 2633）

例 1、2、4 皆指武關，例 3 是爲函谷關，多用來指某道關口；而例 5、例 6 則是泛指整個防禦工事。在亂臣篇章中，〈韓信盧綰列傳〉甚少使用「關」字，僅「（韓信）將其兵從沛公入武關」（〈韓信盧綰列傳〉，頁 2631）一例，研究者認爲，指稱對象在形制、作用上的不同確實是在選用「關」或「塞」時的主要考量，但應該也與該篇章著重描寫韓信、盧綰、陳豨等人與匈奴的頻繁接觸（無論是鎮守、叛漢、勾結）不無關係，因爲在使用的習慣上，「塞」經常用於邊境，指對異族的防衛工事，而「關」則通用於國與國之間、地區與地區之間的關口，故而〈韓信盧綰列傳〉「塞」字的使用才會遠多於「關」字。

雖然不及「死、卒、崩」詞組明晰，但從「塞、關」的選擇仍隱約可以看出司馬遷的漢朝本位意識，〔註 20〕從實際面來說，匈奴是獨立於漢王朝的外族統治政權，單于的地位理應與漢王同等，這一點，可從冒頓單于的書信中得到證明：「天所立匈奴大單于敬問皇帝無恙」（〈匈奴列傳〉，頁 2896），單于也是「天所立」，與「天授」的漢王並無不同，但是從《史記》對「塞、關」二字的使用，可見司馬遷仍將匈奴視為異族，而不是同等階層的國家。

（三）指稱對象程度

構成同義詞的詞語表述的理性意義相同，但所指稱的對象在程度上有不同的表現，列示如下：

功、勳

這組詞都表示功績、功勞。《說文》：「功，以勞定國也」、「勳，能成王功也」（頁 705），《周禮・夏官》：「王功曰勳，國功曰功，民功曰庸，事功曰勞」。（頁 454）段德森認為二者的區別是，「功」是大功，定國的功；而「勳」是特別大的功勞，程度高於「功」。〔註 21〕

1. 彭越本定梁地，**功**多，始君王以魏豹故，拜彭越為魏相國。今豹死毋後，且越亦欲王，而君王不蚤定。（〈魏豹彭越列傳〉，頁 2593）

2. 項氏之所阬殺人以千萬數，而布常為首虐。**功**冠諸侯，用此得王，亦不免於身為世大僇。（〈黥布列傳〉，頁 2607）

3. 羣臣知上欲王盧綰，皆言曰：「太尉長安侯盧綰常從平定天下，**功**最多，可王燕。」（〈韓信盧綰列傳〉，頁 2637）

4. 假令韓信學道謙讓，不伐己**功**，不矜其能，則庶幾哉，於漢家**勳**可以比周、召、太公之徒，後世血食矣。（〈淮陰侯列傳〉，頁 2630）

所舉諸例皆出自評價較為明晰的人物語言、論贊語言。例 1 留侯張良指出彭越「功多」，例 3 是群臣認為盧綰「功最多」，例 2 司馬遷說黥布「功冠諸侯」，例 4 司馬遷先說「不伐己功，不矜其能」，這裡的「功」與前三個例句無異，

〔註20〕池昌海說：「所謂漢朝本位意識，是指漢朝政府或代表政府的官、民在與敵對勢力或異域的人交往過程中表現出的本位意識，具體地說就是惟漢王朝是尊，一切與漢王朝相對立、不協調的人、事或行為皆受貶斥的主體意識。這既是封建統治的策略需要，也是古代許多王朝所共有的文化心態。」詳見池昌海《史記同義詞研究》（上海：上海古籍出版社，2002），頁 118。

〔註21〕段德森《簡明古漢語同義詞辭典》（太原：山西教育出版社，1992），頁 288。

都是就個人的功勞而言；後用「於漢家勳可以比周、召、太公之徒」，則是從對國家整體的貢獻來評價韓信，「勳」字在《史記》亂臣篇章中只見此一例，可見司馬遷認為韓信的功績不是一般的大功，而是同周公等人一樣有著輔成王業的功勞，此等評價非彭越、黥布等人可比擬。

二、動詞同義詞群辨析

動詞是指稱人、事、物的各類動作、行為、存現、發展變化以及心理、意念活動的詞，其意義構成中，行為的方式、對象（包括施事、受事等）、程度等，即為核心成分。《史記》亂臣篇章動詞同義詞之間的差異大致有幾個方面的不同，舉例如下：

（一）行為受事者差異

行為動詞同義詞之間有著相同的理性意義，但是它們所能支配的對象，即受事對象上各有分工，有的表現為受事者身分、位階等方面的不同（如殺、誅），有的則表現為人與物的不同（如追、逐）等。

殺、誅

這是一組殘害生命的動詞，區別在於殺害動機、對象。《說文》：「殺，戮也」（頁 121），使用範圍廣，凡奪去生物的生命都可以用「殺」，無分對象、原因、手段。例如：

1. 夫楚兵雖彊，天下負之以不義之名，以其背盟約而殺義帝也。（〈黥布列傳〉，頁 2600）

2. 淮南王至，上方踞牀洗，召布入見，布甚大怒，悔來，欲自殺。（〈黥布列傳〉，頁 2602）

3. 項氏之所阬殺人以千萬數，而布常為首虐。（〈黥布列傳〉，頁 2607）

例 1 楚兵「殺」的對象是義帝，是以下犯上；例 2 動詞「殺」的施事、受事者皆為黥布；例 3「殺」涉及的對象是「人」，泛指百姓，由是可見「殺」既可以指尊殺卑、上殺下，反之亦成立。

相較於受事者可以指任何生物的「殺」，「誅」只限於殺人，而且所涉及對象或不義、或違法、或迕上、或有罪。《說文》：「誅，討也」，又「討，治也。」（頁 101）一般說來，施事者站在正義的一面，或秉天意，或依法令，或據名分，以正治亂、理其不齊者，強調動作的理由和倫理意義，有很強的正名作用。例如：

4. 呂后白上曰：「彭王壯士，今徙之蜀，此自遺患，不如遂**誅**之。妾謹與俱來。」（〈魏豹彭越列傳〉，頁2594）

5. 十一年，高后**誅**淮陰侯，布因心恐。夏，漢**誅**梁王彭越，醢之，盛其醢徧賜諸侯。（〈黥布列傳〉，頁2603）

6. 綰愈恐，閉匿，謂其幸臣曰：「非劉氏而王，獨我與長沙耳。往年春，漢**族**淮陰，夏，**誅**彭越，皆呂后計。今上病，屬任呂后。呂后婦人，專欲以事**誅**異姓王者及大功臣。」（〈韓信盧綰列傳〉，頁2638～2639）

所舉例句中，「誅」的受事者分別爲彭越、韓信、異姓王，其罪名皆爲謀反（姑且不論謀反的眞實性）。例4按著呂后的語序去理解，因爲將彭越遷徙到蜀地是「自遺患」的行爲，不如乾脆殺了他，這裡清楚地指出「誅」的理由是劉邦、呂后二人畏懼彭越的才能，實與叛漢無關，如此看來，殺害彭越根本名不正、言不順，何以能用「誅」字？或許是說話人／施事者（這裡是指呂后）習慣使用以上對下的詞語，又或許是司馬遷想表達在呂后內心裡認爲殺害有理，毋管如何，司馬遷在這裡使用具有正義性的「誅」，對劉邦、呂后的行徑形成一種反諷（第三章曾提及〈彭越傳〉是對漢初亂臣中剖白最爲具體明晰、對劉邦等人的行徑不著一字的微言，在此不贅述）。例5韓信、彭越被誅的語句緊密相接，透露出黥布不得不反的迫切性。例6盧綰的話語非常清楚地指出呂后「專欲以事誅異姓王者及大功臣」，這裡的「事」即是「誅」的原因，倘若這個動機足夠正當、正名，黥布、盧綰等人又何必心生恐懼（例5與例6的上下文都有出現心理動詞「恐」，直指人物內心。）研究者歸納整理「殺」、「誅」在各篇章的分布如下表：

表4-1　亂臣篇章「殺」、「誅」字頻

篇　章 ＼ 同義詞	殺	誅
張耳陳餘列傳	21	6
魏豹彭越列傳	3	3
黥布列傳	12	3
淮陰侯列傳	8	3
韓信盧綰列傳	0	4
總計	44	19

由於「殺」的指涉範圍廣，所以使用頻率較「誅」要來得高。另外，針對「誅」進行細部考察，發現〈淮陰侯列傳〉的例句受事對象都非韓信，由於數據較少或許不足以證明什麼，但研究者認為這樣的安排或多或少會影響到讀者對韓信的評價，既然「誅」的施事者是立足於正義的一面，那麼其受事者理所當然地站在正義的對立面，也就是說，其挾帶的評價是負面的，依循著此一說法，在單篇閱讀〈淮陰侯列傳〉的情況下，由於「誅」的受事者非韓信，對於他的評價或許就不若其他幾位亂臣來得消極。

（二）陳述對象不同

動詞同義詞間理性意義、語法特徵也相同，但能陳述的對象上各有差異，這一區別特徵主要針對不及物動詞而言，其中表示「呼吸停止、死亡」的同義詞組較為典型。

死、崩、薨

這組詞在表示呼吸停止、死亡。據《禮記‧曲禮下》：「天子死曰崩，諸侯死曰薨，大夫曰卒，士曰不祿，庶人曰死」（頁99），可知在上古時期這組同義詞所陳述的對象（死者的身分）彼此有差別，池昌海通過對《史記》的考察發現這些特點至秦漢時期有的保持基本穩定，但其中仍不乏變化。例如：

1. 高后崩，諸呂無道，大臣誅之，而廢魯元王及樂昌侯、信諸侯。（〈張耳陳餘列傳〉，頁2586）

2. 四月，高祖崩，盧綰遂將其眾亡入匈奴，匈奴以為東胡盧王。（〈韓信盧綰列傳〉，頁2639）

3. 及高祖十年七月，太上皇崩，使人召豨，豨稱病甚。（〈韓信盧綰列傳〉，頁2640）

用來婉指天子之死的「崩」所指範圍稍有擴大，除用於指歷代天子之死，還可指皇太后、皇后之死，[註22]《史記》亂臣篇章中該詞共4例，用於漢高祖共2次，太上皇、高后各1次。

《史記》在記述春秋戰國及秦漢時期諸侯之死一般都稱「薨」。例如：

4. 漢五年，張耳薨，謚為景王。（〈張耳陳餘列傳〉，頁2582）

5. 張敖，高后六年薨。（〈張耳陳餘列傳〉，頁2586）

亂臣篇章僅見2例，皆出自〈張耳陳餘列傳〉，曾有叛變之嫌的張敖最後未被奪諸侯頭銜，以故用「薨」。

〔註22〕參考池昌海《史記同義詞研究》（上海：上海古籍出版社，2002），頁46。

「死」表示生命過程的終結，使用頻率最高，其適用對象可上至帝王、諸侯王、大臣，下至普通百姓以及鳥獸、植物。如：

6. 項籍已**死**。春，立彭越爲梁王，都定陶。（〈魏豹彭越列傳〉，頁2593）

7. 布之初反，謂其將曰：「上老矣，厭兵，必不能來。使諸將，諸將獨患淮陰、彭越，今皆已**死**，餘不足畏也。」（〈黥布列傳〉，頁2606）

8. 高祖已從豨軍來，至，見信**死**，且喜且憐之，問：「信死亦何言？」（〈淮陰侯列傳〉，頁2629）

9. 綰爲蠻夷所侵奪，常思復歸。居歲餘，**死**胡中。（〈韓信盧綰列傳〉，頁2639）

「崩」、「薨」與「死」這組同義詞語除反映出傳統社會裡嚴格的等級制度外，更可從區別性的選擇中看出兩個特點：

其一、司馬遷在運用倫理類的詞語時，曾與漢朝、漢王相互對立的人物，其規格必然低於漢朝官員，例1「高祖崩」與例6「項籍已死」最是清楚可見，劉邦、項羽二人在楚漢相爭時的能力、地位相當，甚至依王鳴盛之見項羽能力更勝劉邦一疇：「史每以沛公、項羽並稱，兩人相倚如左右手，非項藉劉，乃劉依項，……沛公始終藉項之力以成事，而反噬項者也」，〔註23〕劉邦所以能得天下，實與項羽有關。而在地位的部分，項羽自封爲「西楚霸王」並得到各諸侯王認可，應該可享有諸侯的待遇；就是不承認「西楚霸王」這一頭銜，那麼也該記得楚懷王封項羽爲魯公，烏江自刎後他並未被剝奪魯公的封號，從「故以魯公禮葬項王穀城」（〈項羽本紀〉，頁338）可知，無論是哪一個身分都應該稱「薨」才是；然而按著漢朝本位意識，無論項羽曾站在什麼樣的高度，又或者司馬遷有多麼欣賞項羽這位奇才，最終仍只能用「死」來陳述這位與劉邦逐鹿天下的豪雄。

其二、凡是對漢朝效忠、無貳心的諸侯王即可享有與地位相稱的詞語，而對漢朝懷有謀反之意的諸侯王則被降格對待。例6張敖雖一度因謀反罪名下獄，但最後被釋出，並封爲宣平侯，死時稱「薨」；而例7至例9可以發現無論是梁王彭越，或者曾受封齊王、楚王，後被貶爲淮陰侯的韓信，甚至是劉邦自幼交好的燕王盧綰，此三人因爲謀策反漢，故而用「死」而非「薨」。

〔註23〕 〔清〕王鳴盛《十七史商榷·二》（台北：中華書局，1985），頁18。

（三）行為施受關係差異

動詞類同義詞的理性意義相同，但行為的施事與受事皆有所區別，主要表現在行為雙方的社會地位關係。

予、與、授、賞、賜

這組詞語行為實質相同，都有以物予人的意思，但在運用時會因為施、受雙方的身分地位而出現不同的選擇。例如：

1. 陳餘怒曰：「不意君之望臣深也！豈以臣為重去將哉？」乃脫解印綬，推予張耳。（〈張耳陳餘列傳〉，頁2580）

2. 蓋聞天與弗取，反受其咎；時至不行，反受其殃。（〈淮陰侯列傳〉，頁2624）

3. 信曰：「陛下不能將兵，而善將將，此乃信之所以為陛下禽也。且陛下所謂天授，非人力也。」（〈淮陰侯列傳〉，頁2628）

「予」、「與」古今字，是給人東西時使用率最頻繁的詞。《說文》：「授，予也」（頁606），也是以物與人的意思，經常跟「與（予）」結合使用。例1動詞「予」的施事者是陳餘，受事者是張耳，二人的地位相當；例2意指上天賜與的東西你不接受，反而會遭受禍患，這句話的施事者是天，受事者為韓信，施受之間是上對下的關係；例3施事者同樣是上天，受事者是劉邦。「與（予）」、「授」所涉及雙方的地位沒有絕對，可以是上對下，也可以是同等地位之間進行，中性詞。

4. 從東擊項羽，以太尉常從，出入臥內，衣被飲食賞賜，羣臣莫敢望，雖蕭曹等，特以事見禮，至其親幸，莫及盧綰。（〈韓信盧綰列傳〉，頁2637）

5. （漢）乃使人賜彭越將軍印，使下濟陰以擊楚。（〈魏豹彭越列傳〉，頁2592）

6. 夏，漢誅梁王彭越，醢之，盛其醢徧賜諸侯。（〈黥布列傳〉，頁2603）

《說文》：「賜，予也」、「賞，賜有功也」（頁283）。例4至例6的「賞」、「賜」的施事者皆是劉邦，受事者分別是盧綰、彭越、黥布，皆是位高者（君王）對位低者（臣子）的授予、恩賜。不過「賞」所授予的經常是財物，而「賜」的對象則比較寬泛，不侷限於財物，並且「賜」選擇的關鍵在於動作發出者的無上地位以及接受者的從屬地位，《禮記‧曲禮上》：「長者賜，少者賤者不

敢辭」（頁 42），從「不敢辭」可以發現其帶有強制性。池昌海認為從《史記》用例來看，「賜」強調發出者的君王氣勢，[註24] 例 6 將肉醬給各地諸侯王竟也用「賜」，分明是極不人道的行為，卻用帶有恩惠、褒義的「賜」字，凸顯出劉邦的絕對權力。

（四）行為程度不同

動詞與動詞之間的理性意義相同，但行為的程度不同。

恐、懼、畏

這組詞在恐懼、害怕義構成同義詞。《廣雅》：「畏，懼也」（頁 23），《說文》：「懼，恐也」（頁 510）、「恐，懼也」（頁 519）。其區別在於三者的程度不同，張萍認為在害怕義場內，「懼」和「畏」是一般程度的害怕，而「恐」指受到驚擾產生的害怕情緒，表示恐懼的程度較深。[註25]

1. 上老矣，厭兵，必不能來。使諸將，諸將獨患淮陰、彭越，今皆已死，餘不足**畏**也。（〈黥布列傳〉，頁 2606）

2. 信知漢王**畏**惡其能，常稱病不朝從。（〈淮陰侯列傳〉，頁 2628）

3. 周昌疑之，疵瑕頗起，**懼**禍及身，邪人進說，遂陷無道。（〈韓信盧綰列傳〉，頁 2642）

4. 項王由此怨布，數使使者誚讓召布，布愈**恐**，不敢往。（〈黥布列傳〉，頁 2599）

5. 至淮南，淮南王方獵，見醢，因大**恐**，陰令人部聚兵，候伺旁郡警急。（〈黥布列傳〉，頁 2603）

6. 高祖且至楚，信欲發兵反，自度無罪，欲謁上，**恐**見禽。（〈淮陰侯列傳〉，頁 2627）

7. 信**恐**誅，因與匈奴約共攻漢，反，以馬邑降胡，擊太原。（〈韓信盧綰列傳〉，頁 2633）

心理動詞「畏」是由對方的威嚴、強大而使人內心產生畏懼，例 1 黥布直言在所有將領中他只怕韓信、彭越，就連「善用兵，民素畏之」、「功冠諸侯」的黥布都尚且懼怕韓信的能力，更何況是靠他們打天下的劉邦；例 2 即明確地道出劉邦懼怕韓信的能力，透過這兩人的內心活動，韓信的領兵能力被凸

〔註24〕參考池昌海《史記同義詞研究》（上海：上海古籍出版社，2002），頁 52。
〔註25〕參考張萍《《史記》中心理動詞的語法、語義研究》（臨汾：山西師範大學碩士論文，2010），頁 21。

顯出來。例 3「懼」是指韓、盧二人對已經出現的狀況感到憂懼，側重的是內心的感受，是因擔心而提心吊膽、惶恐不安。例 4 至例 7 心理動詞「恐」是指對尚未出現的某種情況嚴重害怕，驚惶不安，在《史記》亂臣篇章中「恐」共見 19 例，其中有 10 例用在描寫黥布、韓信等人因被擒、被誅的將然而產生的恐懼情緒，表現出的情緒是強烈的，甚至在例 5 司馬遷用程度副詞「大」修飾心理動詞「恐」，明確地反映出心理活動在程度上的區別。

倍（背）、叛（畔）、反、逆

這組詞是指背離自己的階級、民族、國家，投到敵對一方面去，其區別在於「倍（背）」涉及的範圍大，凡是與社會認為合理的事情相違背的都可以使用，背叛只是其中一部分；而涉及範圍較窄的餘下三者則有程度輕重的不同，叛（畔）指出奔或投到其他國家，「反」是違背下必須服從上、臣必須服從君的規定，「逆」只是乖戾違忤。研究者針對「背（倍）、叛（畔）、反、逆」同義詞群在各篇章的分部進行統計，其結果如表 4-2：

表 4-2　亂臣篇章中的背叛義同義詞組

篇　章＼同義詞	背（倍）	叛（畔）	反	逆	總計
張耳陳餘列傳	3	3	6	0	12
魏豹彭越列傳	0	5	6	1	12
黥布列傳	5	3	11	0	19
淮陰侯列傳	7	2	10	1	20
韓信盧綰列傳	0	1	11	0	12
總計	15	14	44	2	75

從表中可以看出背叛義同義詞出現最多次的篇章為〈淮陰侯列傳〉，共有 20 例，其次為〈黥布列傳〉，共見 19 例。實際對語篇進行分析後，發現背叛義同義詞群在這兩篇章中傳達出全然不同的信息：〈淮陰侯列傳〉在動詞「背（倍）」的上下文經常可見否定副詞或表反詰語氣的詞語，例如：「夫人深親信我，我倍之不祥，雖死不易」（頁 2622）、「吾豈可以鄉利倍義乎」（頁 2624）、「韓信猶豫不忍倍漢」（頁 2625）等，否定副詞構組的「不祥」、「不忍」以及表反詰語氣的「豈……乎」詞組消解了「背（倍）」一詞本身帶有的消極／負面色彩。另外，使用頻率最高的「反」在直指韓信時，卻是「人有上書告楚

王信反」、「人告公反」（頁 2627）這類眞假難辨的句式，於是〈淮陰侯列傳〉
裡頭背叛義同義詞反倒使得叛亂一事存有更多討論空間。

　　而在〈黥布列傳〉中，黥布對於劉邦的詢問，毫不諱言地回答是因爲想
當皇帝，他並未辯駁「何苦而反」這一問句：

　　　　與布相望見，遙謂布曰：「何苦而反？」布曰：「欲爲帝耳。」（〈黥
　　　　布列傳〉，頁 2606）

針對黥布的這一回應，吳見思說：「此時布訴功訴冤，俱屬孱弱，只做倔彊一
語，不特時事固爾，而英布身分俱現。」〔註 26〕中井積德曰：「其言『欲爲帝』，
是憤而誇張，非其情。」〔註 27〕或許這個時候黥布的確是憑著一股傲氣或者
憤怒說出這一番話，但毋管他內心是不是眞的想當皇帝，有一個事實仍無法
抹滅，即，反。從「是故當反」、「自疑禍及身，故反耳」、「布反不足怪也」（頁
2604）、「故遂反」（頁 2606）等可以發現動詞「反」搭配的詞語多是因果連詞
「故」，用以指出漢王屢誅功臣後的必然結果，並沒有否定黥布叛漢一事。兩
相比較後，不免讓人產生疑問：既然司馬遷能在〈黥布列傳〉將其叛逆行徑
說的足夠明白，爲何在〈淮陰侯列傳〉中卻陳述得如此隱晦、模糊。

（五）行爲情態差異

　　動詞與動詞之間有一個或一個以上的理性意義相同，但彼此的行爲情態
有所區別。

　　坐、跪、踞

　　這一組詞都表示坐的動作，但身體的姿態不同。「坐」是兩膝蓋和小腿的前
面接觸坐席，臀部落下，大腿的後面和臀部貼在小腿的後面和腳跟上；「跪」是
兩膝貼席，大腿同上身成一直線，較「坐」更具禮貌性；「踞」是蹲，「箕踞」
是蹲坐著，把兩腿像八字型分開，〔註 28〕面對客人蹲或箕踞是傲慢的表現。

　　1.　信乃令軍中毋殺廣武君，有能生得者購千金。於是有縛廣武君而
　　　　致戲下者，信乃解其縛，東鄉坐，西鄉對，師事之。（〈淮陰侯列
　　　　傳〉，頁 2617）

〔註 26〕　〔清〕吳見思《史記論文》（台北：中華書局，1967），頁 495。
〔註 27〕　〔日〕中井積德曰：「布之反，苟自救也。其言『欲爲帝』，是憤而誇張，非
　　　　　其情。」詳見瀧川龜太郎《史記會注考證・黥布列傳》（台北：萬卷樓圖書股
　　　　　份有限公司，1993），頁 1063。
〔註 28〕　正義曰：「申兩腳而倨其膝，若箕之形。」詳見瀧川龜太郎《史記會注考證・
　　　　　張耳陳餘列傳》（台北：萬卷樓圖書股份有限公司，1993），頁 1054。

2. 信嘗過樊將軍噲，噲**跪**拜送迎，言稱臣，曰：「大王乃肯臨臣！」

（〈淮陰侯列傳〉，頁 2628）

例 1 因為對象是廣武君，故使用中性色彩的「坐」字；例 2 樊噲跪拜迎韓信，滿足了韓信的驕傲自滿，是故「信出門，笑曰：『生乃與噲等為伍！』」（頁 2628）樊噲的一跪一言對韓信來說很受用。

「觀其容而知其心」是觀察人心理的一種評判標準，意指人的一切心理活動，無論多麼深潛隱微，總會由一定的外在形態表現出來。〔註 29〕「坐、跪、踞」這組同義詞不僅在行為情態有所區別，更重要的是它帶有著鮮明的倫理色彩：「禮貌／不禮貌」，司馬遷在寫作時，即用這組詞來描繪特定人物的外在表現，並顯其內在。

3. 漢七年，高祖從平城過趙，趙王朝夕袒韝蔽，自上食，禮甚卑，有子婿禮。高祖箕**踞**罵，甚慢易之。（〈張耳陳餘列傳〉，頁 2583）

4. 淮南王至，上方**踞**牀洗，召布入見，布甚大怒，悔來，欲自殺。

（〈黥布列傳〉，頁 2602）

例 3 與例 4 分別是劉邦接見張敖、黥布，其姿態分別是「箕踞」以及「踞」，貫高因此怒曰：「今王事高祖甚恭，而高祖無禮，請為王殺之。」（〈張耳陳餘列傳〉，頁 2583），而黥布則是憤而「悔來，欲自殺」。瀧川龜太郎：「〈酈生傳〉云『沛公方倨牀，使兩女子洗足，而見酈生』，蓋是漢皇見人常用手段。」〔註 30〕《史記》記錄劉邦接見臣屬，屢屢選用了極不禮貌的動詞「踞」，凸顯出劉邦對有智者、有能者、有功者都未能源自內心去敬重，池昌海更指出「踞」僅用於記錄劉邦事，這應是司馬遷有意為之，而非偶然，正是「踞」的恰當使用，微妙地刻劃出一位無禮且充滿傲氣的君王。〔註 31〕

〔註 29〕 參考可永雪《史記文學成就論衡》（北京：中央民族大學出版社，2012），頁 174。

〔註 30〕 瀧川龜太郎《史記會注考證・黥布列傳》（台北：萬卷樓圖書股份有限公司，1993），頁 1061。

〔註 31〕 池昌海分析到：「《史記》記錄劉邦數次接見臣屬尤其是儒生時，都選用了表極不禮貌意義的動詞『踞』、『箕踞』來描繪這位一代帝王，而且『踞』在《史記》中都僅用於記劉邦事；『箕踞』4 例中有 2 例記劉邦，這些我們覺得非偶然，應有司馬遷的深意。」詳見池昌海《史記同義詞研究》（上海：上海古籍出版社，2002），頁 101。

（六）行為方式不同

動詞同義詞的行為實質相同，但動作的方式有區別，從而構成區別特徵。

謀、慮、圖、計

這組詞都含有謀畫的意思，但有細微的差別，《說文》：「謀，慮難曰謀」（頁92），重在相互研究探討；「慮，謀思也」（頁506），重在想深想透；「圖，畫計難也」（頁 279），重在行動規劃，萬全而後行；「計，會也、算也」（頁94），重在權衡得失利弊。

1. 呂后欲召，恐其黨不就，乃與蕭相國謀，詐令人從上所來，言豨已得死，列侯羣臣皆賀。（〈淮陰侯列傳〉，頁2628）

2. 蓋聞天與弗取，反受其咎；時至不行，反受其殃。願足下孰慮之。（〈淮陰侯列傳〉，頁2624）

3. 夫以交友言之，則不如張耳之與成安君者也；以忠信言之，則不過大夫種、范蠡之於句踐也。此二人者，足以觀矣。願足下深慮之。（〈淮陰侯列傳〉，頁2625）

4. 淮陰侯曰：「公之所居，天下精兵處也；而公，陛下之信臣也。人言公之畔，陛下必不信；再至，陛下乃疑矣；三至，必怒而自將。吾為公從中起，天下可圖也。」（〈淮陰侯列傳〉，頁2628）

5. 王必欲長王漢中，無所事信；必欲爭天下，非信無所與計事者。顧王策安所決耳。（〈淮陰侯列傳〉，頁2611）

「謀」一般不是個人的思索，它側重諮商，是商量、計議，經常是兩個以上的人在一起共同核計、研討辦法或對策，側重於商議出辦法，或者盤算出主意，例1呂后同蕭何計議消滅韓信的辦法。「慮」指對各種難題、憂患、災難反覆深入地思考、仔細地斟酌推敲，是純屬個人的思維活動，例2、例3蒯通一再地要韓信「慮」自立為王一事，並且用「孰」、「深」來加強「慮」的程度。「圖」是針對特定的情況或局面進行規劃和設計，定出具體的應付辦法和步驟，實踐性、針對性、行動性特別強，另外，「慮」、「謀」的對象多為事，「圖」的對象多為具體的人物、國家，例4韓信與陳豨謀反，所「圖」的即是漢天下。「計」用於謀畫義時，帶有衡量得失、盤算利弊的意味，例5蕭何認為若要爭的天下，除了韓信沒有可以謀畫的人，而後文中韓信分析楚漢情勢正印證了這一句話。

伐、侵、襲

這組詞表示軍隊進攻，其區別在於行為方式，根據《左傳・莊公二十九年》：「凡師有鍾鼓曰伐，無曰侵，輕曰襲。」（頁 178）軍隊進攻時分為三種方式，「伐」是鳴鐘擊鼓，公開聲討，公開進攻；「侵」是不用鐘鼓，不宣而戰，直接侵犯別人的國家；「襲」表示不事聲張，祕密進軍，是企圖給敵人以迅雷不及掩耳的打擊，比「侵」更富有祕密性質。

1. 左右諫曰：「從入蜀、漢，伐楚，功未徧行，今此何功而封？」（〈韓信盧綰列傳〉，頁 2641）
2. 今漢王復興兵而東，侵人之分，奪人之地，已破三秦，引兵出關，收諸侯之兵以東擊楚，其意非盡吞天下者不休，其不知厭足如是甚也。（〈淮陰侯列傳〉，頁 2622）
3. 高帝以陳平計，天子巡狩會諸侯，南方有雲夢，發使告諸侯會陳：「吾將游雲夢。」實欲襲信，信弗知。（〈淮陰侯列傳〉，頁 2627）

例 1 由漢朝官員的視角來陳述漢軍進攻楚軍一事，「伐」字的使用說明攻打的行為是有理的、正義的；例 2 出自武涉勸說韓信自立為王的段落，動詞「侵」指出漢方的軍事行動是非正式的、強硬的。這兩個例句的行為施事者都是漢軍，但由於說話者的立場不同，故而使用的動詞也就不同，對漢方來說他們的行動是「伐」，但對楚人來說其行為卻是「侵」，隨著視角轉換而變換動詞同義詞，顯示對詞語的細緻理解與分工。例 3 由於「人有上書告楚王信反」，所以劉邦採用陳平計「襲」韓信，這裡不使用師出有名的「伐」字，而作乘人不備、突然發動攻擊的動詞「襲」，研究者認為具有兩個作用，一方面表現出劉邦深知韓信帶兵領將的能力，倘若公開討伐恐勝負難定；另一方面則是指出劉邦等人深知韓信實無反行，故而不敢公開聲討（同樣的情況亦可見於〈彭越傳〉：「上使使掩梁王」，「掩」意指襲捕），在這樣的情況下，劉邦在事件過程中也就難以獲得正面／積極的評價，而對於韓信反倒更增添了一份同情。

（七）行為目的、結果差異

同義詞的理性意義、行為實質相同，但由於行為的目的與結果不同，從而產生了區別特徵。例如：

視、見

　　《說文》：「見，視也。」（頁 412）這組詞表示視線接觸物體，看（見）的意思，區別是「視」泛指看，而「見」表示看的結果，相當於看到、看見。若將「視／看」的完整過程描述成：開始——行為——結果，如下圖所示：

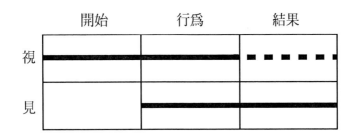

圖 4-1　視／見過程圖

大抵說來，「視」是指開始到行為的這一過程，「見」則是由行為至結果，但實際上「視」亦可以關聯結果，而「見」絕對會涉及結果。〔註32〕從《史記》亂臣篇章的用例看來，兩者雖為同義詞，但不可混言。例如：

1. 上使泄公持節問之箯輿前。仰視曰：「泄公邪？」（〈張耳陳餘列傳〉，頁 2584）

2. 眾辱之曰：「信能死，刺我；不能死，出我袴下。」於是信孰視之，俛出袴下，蒲伏。（〈淮陰侯列傳〉，頁 2610）

3. 坐法當斬，其輩十三人皆已斬，次至信，信乃仰視，適見滕公，曰：「上不欲就天下乎？何為斬壯士！」（〈淮陰侯列傳〉，頁 2610）

「視」與「見」雖然都指用眼睛看這一動作行為，卻不能交互使用，一經調換不僅在語感方面有些許彆扭，而且也會減損人物那顯露本質的「稀有的瞬間」。〔註33〕動詞「視」是從視線未接觸到接觸，並且帶有視者的主動性，一般來說，強調的是具體的動作，而非看的結果。例 1 貫高抬頭去問「泄公邪」，就這一個特定的動作、一聲喊，讓許多學者多有闡述，如董份曰：「箯輿、仰

〔註32〕參考池昌海《史記同義詞研究》（上海：上海古籍出版社，2002），頁 61。

〔註33〕可永雪認為：「作為文學家的司馬遷，具有敏銳的藝術觸覺，具有從人物各種紛紜變幻的表情神態中識別和捕捉那顯露本質的『稀有的瞬間』的本領，因此在他筆下的細節常常具有傳神點睛的藝術魅力。」詳見可永雪《史記文學成就論衡》（北京：中央民族大學出版社，2012），頁 134。

視與勞苦問答，歷歷如目前。」〔註34〕而吳見思亦說：「情狀宛然，摹寫盡致，文心之妙如此。」〔註35〕具道司馬遷逼真地臨摹出貫高匍匐仰視之狀，驚喜不禁之態。例2「孰視之」一句，尤瑛曰：「『孰視之』三字，可玩。」〔註36〕又吳見思認爲：「『出袴下』辱矣，下益『蒲伏』二字，寫袴下之狀，極其不堪。然上有『孰視之』三字，而信之籌畫已定，豈孟浪哉。」〔註37〕司馬遷用「孰」修飾「視」，決定了韓信這一眼不是隨隨便便地一瞥，而是帶著深長的意味，讀者也因此能感受出潛藏在他內心裡的遠大抱負，並認定這是一位能忍一時之屈的大丈夫；也就是說，只一個眼神，就把韓信的本質性特徵給巧妙地傳達出來。從這兩個例子可以看出，司馬遷擅於通過人物的表情神態凸顯人物的「魂」，起到爲人物定格的作用。〔註38〕

4. 今漢王慢而侮人，罵詈諸侯羣臣如罵奴耳，非有上下禮節也，吾不忍復見也。（〈魏豹彭越列傳〉，頁2590）

5. 夏，漢誅梁王彭越，醢之，盛其醢徧賜諸侯。至淮南，淮南王方獵，見醢，因大恐，陰令人部聚兵，候伺旁郡警急。（〈黥布列傳〉，頁2603）

6. 高祖已從豨軍來，至，見信死，且喜且憐之，問：「信死亦何言？」（〈淮陰侯列傳〉，頁2629）

動詞「見」是客觀事物進入視野，可能是主觀有意／無意去看（如例6），也可能是被動性去看（如例4與例5），但無論是主動或者是被動實際上都已經看到、爲人感之，單從亂臣篇章來說，「看」的前後文常帶有心理動詞，以表達「看」所引發的情緒。

三、形容詞同義詞群辨析

有關事物、行爲性質及狀態等因素的存在構成了形容詞詞義的實質內容。《史記》亂臣篇章同義詞之間的差異，舉例如下：

〔註34〕〔明〕凌稚隆輯校，有井範平補標《史記評林·張耳陳餘列傳》（台北：地球出版社，1992），頁2179。

〔註35〕〔清〕吳見思《史記論文》（台北：中華書局，1967），頁488。

〔註36〕瀧川龜太郎《史記會注考證·淮陰侯列傳》（台北：萬卷樓圖書股份有限公司，1993），頁1064。

〔註37〕〔清〕吳見思《史記論文》（台北：中華書局，1967），頁495。

〔註38〕參考可永雪《史記文學成就論衡》（北京：中央民族大學出版社，2012），頁138。

（一）屬性程度差異

形容詞間的理性意義相同，但彼此之間有程度的區別。

易、慢

這組詞都表示傲慢無禮的，兩者在程度上有所區別，「易」只是對人態度上的忽視、藐視人物或事情而至的傲慢感；《說文》：「慢，惰也」（頁 514），原是表內心懈怠的，引申爲對人的態度敷衍而輕慢，可以形容冷漠無禮的態度，也可以修飾無禮並且謾罵侮辱的行爲。此二者在《史記》亂臣篇章中獨用來形容漢高祖劉邦，例如：

1. 高祖箕踞罵，甚**慢易**之。（〈張耳陳餘列傳〉，頁 2583）

2. 今漢王**慢**而侮人，罵詈諸侯羣臣如罵奴耳，非有上下禮節也，吾不忍復見也。（〈魏豹彭越列傳〉，頁 2590）

3. 王素**慢**無禮，今拜大將如呼小兒耳，此乃信所以去也。（〈淮陰侯列傳〉，頁 2611）

司馬遷藉由人物語言、敘事語言塑造劉邦部分的人格特質，魏豹說漢王慢而侮人，蕭何亦言王素慢無禮，而在敘事裡更連用「慢易」二字。〈高祖本紀〉裡的劉邦有漢朝開國皇帝該有的豁達大度、機智，但這些正向的人格特質卻鮮少見於亂臣篇章，司馬遷用「慢」、用「易」去寫劉邦，揭露他的流氓氣、無賴相。另外，從例句裡亦多有寫「詈」、「罵詈」、「罵奴」等語句，姚祖恩評到：「隆準公善罵，常以此失功臣意，實是亭長惡習，不足爲佳。」﹝註39﹞實際上劉邦失功臣意豈止是善罵，傲慢的態度、不具禮節的坐姿，在在看出劉邦的性格以及司馬遷的評價。

（二）屬性描寫差異

形容詞的理性意義相同，但因描寫的視角不同，便產生了彼此的差異。

困、窮

這組詞皆指困窘的、受環境限制的，二者的區別在於「困」指被某種事物包圍，或陷入艱苦的環境中無法掙脫；「窮」是境遇不好，不能顯貴。

1. 內見疑彊大，外倚蠻貊以爲援，是以日疏自危，事**窮**智**困**，卒赴匈奴，豈不哀哉！（〈韓信盧綰列傳〉，頁 2642）

﹝註39﹞〔清〕姚祖恩《史記精華錄》（台北：聯經出版事業股份有限公司，2010），頁 144。

2. 漢王將數十萬之眾，距鞏、雒，阻山河之險，一日數戰，無尺寸
之功，折北不救，敗滎陽，傷成皋，遂走宛、葉之間，此所謂智
勇俱困者也。(〈淮陰侯列傳〉，頁 2623)

例 1 指「窮」、「困」互文，以事、智雙雙陷入困窘來指岌岌可危的狀態。例 2
蒯通認為劉邦智、勇都受到限制，無所作為，以此凸顯韓信的能力。

四、同義詞的整體特徵

　　《史記》為我國第一部以人物為敘述主軸的紀傳體通史，在內容上記述
從五帝至漢武帝時期（西元前 104~101）的歷史，透過描寫人物的性格、行
為或者事件的變動、發展過程的來記錄歷史、解釋歷史。《史記》亂臣篇章裡
的同義詞共計 186 組，動詞同義詞最多，共 124 組；名詞同義詞次之，共 45
組；形容詞同義詞則僅有 17 組，呈現出「動詞＞名詞＞形容詞」此一現象。
此外，研究者進一步將 186 組同義詞根據邏輯語義特徵進行分類，包括時間、
身體、飲食、軍旅、倫理等，其中含同義詞較多的語詞類分別是軍旅類、倫
理類、心動類。

　　首先，大量的軍旅類同義詞反映出古代社會的一個重要內容——「戎」；
〔註40〕而倫理類則反映了用以維持中國社會正常運行的基本準則，呈顯「史」
書的特徵，並且也表現出司馬遷撰著《史記》的出發點：紹繼《春秋》、正
人倫。本文的研究範圍是漢初的亂臣篇章（實際橫跨了楚漢相爭到漢高祖時
期），這是一個社會動盪的年代，政權的獲得、鞏固多憑靠一波又一波的軍
事行動，語篇中因此存在大量用來描繪各路諸侯紛爭、互相攻伐等歷史畫面
的軍旅類詞語。以蒯通語為例，司馬遷記述時便分別用了軍旅類「虜、禽」、
「下、徇」以及倫理類「誅、殺」幾組同義詞：

　　臣請言大王功略：足下涉西河，虜魏王，禽夏說，引兵下井陘，誅成
　　安君，徇趙，脅燕，定齊，南摧楚人之兵二十萬，東殺龍且，西鄉以
　　報，此所謂功無二於天下，而略不世出者也。(〈淮陰侯列傳〉，頁 2625)

司馬遷仿《春秋》筆法，創為歷敘體，用「虜」、「禽」、「下」、「徇」、「誅」、
「殺」、「脅」、「定」、「摧」等字敘事、列功。其中「虜、禽」在俘獲義構成

〔註40〕張大可統計：「《史記》一百三十篇，五十二萬六千五百字，載有戰爭內容的篇
　　　目達八十二篇，字數十餘萬言，約佔四分之一的篇幅。這些篇目記載擅長兵略
　　　戰陣的帝王將相六十餘人，記述古代戰爭五百餘次、春秋戰國及秦楚之際的大
　　　戰役五十餘次。」詳見張大可《史記研究》(北京：商務印書館，2011)，頁 379。

同義詞組；「下、徇」都表示攻克義；「誅、殺」則同指死亡義。整個段落看來，這些動詞都是用來呈顯韓信帶兵領降的能力，雖說表達的是相同、相近的一件事，但因為交替運用動詞同義詞，避免行文的單調重複，使得整個段落豐富多變，不呆板。

其次，豐富的心動類詞語凸顯出《史記》寫人的時候，特別看重寫心——心理描寫。〔註41〕史傳所記載的多是已經去世的歷史人物，一般的文獻資料在描寫他們的事蹟時，通常只記載他們做了什麼，鮮少揭示出他們內在與外在的矛盾鬥爭，例如他們為什麼這樣做、當時是怎麼想的等心理活動。〔註42〕比起先秦史傳著作，司馬遷在描寫歷史人物時，更注重用懸想等方法寫出人物內心世界，他用得最多的方法是通過一兩個表示心理狀態的動詞來展現人物的靈魂。《史記》亂臣篇章中的心理動詞同義詞可分為兩大類，狀態心理動詞（表示人的情緒）、行為心理動詞（表示人的感知、記憶、思維和想像），〔註43〕詳見表4-3：

表4-3　心理動詞同義詞

	積極／正面	喜悅義	喜、說
狀態心理動詞	消極／負面	怨恨義	怨、恨、怒、望、觖
		憎惡義	惡、厭
		憂慮義	憂、患
		害怕義	恐、懼、畏
		悲傷義	哀、悲
		忌妒義	妒、媢
		慚愧義	羞、愧
		後悔義	悔、恨
		震驚義	驚、震、愕

〔註41〕根據《《史記》中心理動詞的語法、語義研究》一文統計，《史記》中的心理動詞數量非常豐富，共有 190 個心理動詞，其中單音節心理動詞 98 個，複音節心理動詞 92 個。詳見張萍《《史記》中心理動詞的語法、語義研究》（臨汾：山西師範大學碩士論文，2010），頁 9。

〔註42〕參考俞樟華《史記藝術論》（北京：華文出版社，2002），頁 95。

〔註43〕參考張家合〈試論古漢語心理動詞研究〉，《學術論壇》第 6 期（2007 年），頁 183。

行為心理動詞	表思維	謀劃義	謀、慮、圖、籌、計
		思考義	思、慮
		推測義	測、度
	表感知	醒悟義	覺、悟（寤）
		知曉義	知、審

心理動詞是從情緒、意志的角度來表達某個客觀現象、事件對人物的影響，帶有主觀體驗性，此類同義詞在亂臣篇章中的分布：〈淮陰侯列傳〉共見54例，〈張耳陳餘列傳〉、〈黥布列傳〉各有24例，〈韓信盧綰列傳〉見10例，而〈魏豹彭越列傳〉僅9例。

司馬遷將韓信收入〈列傳〉中，單憑此安排，似乎韓信就是漢朝亂臣無異，然而在字裡行間總能隱約聽到一種不同的聲音，讓人不得不對司馬遷的態度、立場產生懷疑。司馬遷不直接抨擊官方定論、也不曾公開地爲韓信辯駁，而是把自己隱藏在幕後，安排字、詞、段落、語篇來影響讀者的認知。當韓信處於全盛時期（信數與蕭何語～皆虜楚卒），雖然採用全知全能的敘述視角，但卻鮮少（幾乎沒有）進入韓信的內心，據統計，用來描寫韓信本人的心理動詞僅有2例，而發跡前與貶謫後多於敘述中隨文點示，[註44]例如：

> 信知漢王畏惡其能，常稱病不朝從。信由此日夜怨望，居常鞅鞅，羞與絳、灌等列。（頁2628）

司馬遷生動的記載了韓信奪王貶爵後的思想變化。韓信發現劉邦忌憚自己的能力後，便經常稱病不上早朝，而被貶謫更讓他感到丟人，悶悶不樂。《班馬異同評》認爲這個段落「如此心事，寫得到髓。」[註45]這裡密集地使用心理動詞「知」、「畏」、「惡」、「怨」、「望」、「鞅」、「羞」等，其中「畏惡」、[註46]「怨望」皆是同義詞連用，形成強烈的語勢，極寫韓信的不滿、道出韓信的抑鬱。

[註44] 《史記》的心裡描寫所採用的方式和手段大致有三種：「敘述中隨文點示」、「一些段落集中刻畫」、「以心理描寫文主的篇章」等，這裡頭運用得最多、最普遍的形式當屬「敘述中隨文點示」。詳見可永雪《史記文學成就論衡》（北京：中央民族大學出版社，2012），頁152～155。

[註45] 〔宋〕倪思撰，〔元〕劉辰翁評《班馬異同》，收入《四庫全書存目叢書》（台南：莊嚴文化，1996），頁132。

[註46] 王叔岷：「『畏惡』，複語」。詳見王叔岷《史記斠證》（北京：中華書局，2007），頁2729。

　　另外，狀態心理動詞在強度上有強弱不同等級的變化，《史記》善用了心理動詞本身詞的強度不同，〔註47〕例如：「吾悔不用蒯通之計」（頁 2628）與「信言恨不用蒯通計」（頁 2629），前一句是韓信臨終的語言，說自己「悔」；後一句是呂后轉告劉邦，說韓信內心有「恨」，「悔、恨」在表後悔的理性意義相同，「恨」是指人的心中有事情，梗於心，其強度比「悔」要來得高。無論是韓信遭貶謫後萌生的「怨」、「望」、「鞅」等低落情緒，還是被斬於長樂鐘室時的「悔」，都致使讀者產生同情的眼光，並以此來評述韓信。〔註48〕生動的心理描寫亦可見於藝術成就向來就不甚被人注意的〈黥布列傳〉，俞樟華認為這篇列傳在人物描寫上很有特色，全篇幾乎都採用心理描寫的方法來寫黥布的性格特點，這在《史記》中是絕無僅有的。〔註49〕

　　值得一提的是，司馬遷除了運用大量的心理動詞去刻畫人物，亦通過具體、直指人物性格的品行類單音節形容詞來品評人物。〔註50〕《史記》亂臣篇章形容詞同義詞共有 17 組，其中品行類就有 8 組，如下表：

表 4-4　品行類形容詞同義詞

情感色彩／語義類別	正面／積極／褒義	負面／消極／貶義
誠實	誠、信	詐、偽
仁善		殘、暴、虐
勤勞	勞、苦	
英勇	勇、悍、猛	怯、屛
恭敬	恭、敬	易、慢

〔註47〕狀態心理動詞具有主觀體驗性的特徵，是在不知不覺中進行的一種心理活動，是一種無主動意識的心理活動，雖然有著強度上的變化，但大體說來，在《史記》中心理狀態動詞的等差是經由程度副詞的修飾來表現的，相關例證參照第三章「程度副詞」。

〔註48〕參考游釕鈞、徐富美〈從評價理論的態度系統分析司馬遷對韓信叛變之立場〉，本論文完成時此文尚待刊登。

〔註49〕參考俞樟華《史記藝術論》（北京：華文出版社，2002），頁 95。

〔註50〕品行類形容詞的劃分參考武海亮《《史記》品行類單音節形容詞同義關係研究》（呼和浩特：內蒙古大學碩士論文，2006），頁 42。

大抵來說，人的性格和人的行為方式是有密切關係的，表 4-4 的分類雖然較為粗糙，但仍可以一窺司馬遷對人的品性的態度和看法，例如「易、慢」詞組直指劉邦的劣根性，相關論述可見於「形容詞同義詞群辨析」。

　　從上述中可以發現《史記》亂臣篇章由於記載內容與史書性質的關係，故同義詞在數量上呈現「動詞＞名詞＞形容詞」的趨向；而下位分類則以軍旅、倫理、心動這三類詞語為多，分別反映出漢初亂臣的時代特徵、長期主宰中國傳統社會的倫理觀，以及《史記》長於心理描寫等特點。

第五章 《史》《漢》亂臣篇章風格的比較

　　《史記》與《漢書》爲中國正史二十五部中首要之的部史書。《漢書》記事上起漢高祖元年下至王莽四年（西元前 206～西元 23），其間從劉邦建國（西元前 206）到漢武帝太初末年（西元前 101）這一段與《史記》互相重合，《漢書》無論是正文抑或是論贊語言的部分，多有沿用《史記》處，鄭樵因此批評「盡竊遷書」；〔註1〕然而，這種評論並不確切，班固並不是原封不動地襲用《史記》，而是材料有取捨，文字有增減，這樣一來，就使得《漢書》與《史記》有了很大的可比性。通過比較，可以看出馬、班二人受到所處的時代背景以及作者的文化修養、政治立場、思想傾向、寫作目的乃至文字工拙的影響，所展現出的語言風格有著不同的面貌，歷來有許多學者都在尋找恰切的字眼說明《史》《漢》之間的差異，如茅坤於〈刻漢書評林序〉說：「太史公與班掾之才，固各天授，然《史記》以風神勝，而《漢書》以矩矱勝。」〔註2〕又如劉肅：「遷辭直而事備，固文贍而事詳」〔註3〕，皆可見兩者迥然的風格。需要說明的是，本研究之目的是探索修改前、修改後有什麼不同的地方，又各呈現出什麼樣的風格，而不在評斷孰好孰壞。

〔註 1〕 〔宋〕鄭樵撰，王樹民點校《通志二十略・總序》（北京：中華書局，1995），頁2。
〔註 2〕 〔明〕茅坤《茅鹿門集》卷一《刻漢書評林序》，轉引自楊燕起、陳可青、賴長揚編《歷代名家評史記》（台北：博遠出版有限公司，1990），頁307。
〔註 3〕 〔唐〕劉肅《唐世說新語・總論》，轉引自楊燕起、陳可青、賴長揚編《歷代名家評史記》（台北：博遠出版有限公司，1990），頁301。

第一節 《史》《漢》亂臣篇章同義手段的選用

「同義手段」﹝註4﹞是指語言表達的思想內容相同或相近，但由於語言形式不同，致使表達效果、風格色彩也有所不同的修辭手段。就以詞彙同義手段來說，它包括詞彙學、語義學裡的同義詞，但要更爲寬泛，凡在特定語境中可供選擇、可用來代替某個詞的語言單位都稱爲這個詞的同義手段，高名凱〈語言風格學的內容和任務〉說：

> 語言各方面的要素及其配合手段都可以具有平行的同義系列，這些
> 同義系列正是各平行的言語風格的構成要素或手段，對這種要素或
> 手段進行分析和研究正是風格學的主要任務。﹝註5﹞

語言要素都有同義手段（語音同義手段、詞彙同義手段、語法同義手段等），作家／說話者在一系列的同義手段中有自己慣用的、特殊的遣詞擇語方式和手段，即「個人獨特的語言表達習慣」，體現出作家作品的語言個性。﹝註6﹞這個部分由於在實際分析時，不可避免地會涉及到語序、語氣、句群、段落……因此籠統地以「同義手段」命之，而不侷限地稱「詞彙同義手段」。

《漢書》中有不少篇章是承襲《史記》而作，其內容大致相同，但表達略有不同，可能表現在詞語的簡省、可能是句子的增添、亦可能是段落的挪移等，本節針對《史》、《漢》亂臣篇章同義手段的選擇做一個考察，用以實施外部比較的篇章包括：

表 5-1 《史》《漢》亂臣篇章

《史記》	《漢書》
〈張耳陳餘列傳〉	〈張耳陳餘傳〉、〈蒯通傳〉
〈魏豹彭越列傳〉	〈魏豹傳〉、〈彭越傳〉
〈黥布列傳〉	〈英布傳〉
〈淮陰侯列傳〉	〈韓信傳〉、〈蒯通傳〉
〈韓信盧綰列傳〉	〈韓（王）信傳〉、〈盧綰傳〉

﹝註4﹞亦有學者稱「同義形式」、「同義結構」或「同義成分」等，本研究採用「同義手段」。

﹝註5﹞高名凱《語言學論叢（第四輯）‧語言風格學的內容和任務》（上海：上海教育出版社，1960），頁206。

﹝註6﹞參考黎運漢《漢語風格學》（廣州：廣東教育出版社，2000），頁478。

比較的篇章包括《史記・張耳陳餘列傳》等五篇，《漢書》則有〈張耳陳餘傳〉、〈魏豹田儋韓信傳〉、〈韓彭英盧吳傳〉以及〈蒯伍江息夫傳〉等四篇，由於本論文是以《史記》亂臣篇章爲研究對象，故而在數據統計時，不計《漢書・田儋傳》、《漢書・吳芮傳》，而《漢書・蒯通傳》僅採與《史記》重合的段落。〔註7〕

一、刪省

　　《漢書》因務以省文減字爲工，故在襲錄《史記》時，無論是詞語、句子，甚至句群和段落都多有加以刪省者，這之中，關乎到作者風格、習性的虛字以及司馬遷驅遣最爲凸出的動詞簡省的尤其厲害。

　　用相同／相當的實詞表現同個結構、表達同樣意思，但因爲虛詞或用或不用，致使數量有所增減，這就是一種同義手段。楊樹達指出：「孟堅於《史記》虛助之字往往節去。」〔註8〕班固多去掉虛字，當然亦有所增，只是加的虛詞絕對少於所減的，而增添得當的也少於不適當的。〔註9〕研究者針對《史》《漢》亂臣篇章共有的語句進行統計，得出刪省虛詞共計229處。副詞被刪削多達91處，其中時間副詞使用數量差距較大，如：（出入處以**粗體底線**標誌）

　　1a. 於是呂后**乃**令其舍人彭越復謀反。廷尉王恬開奏請族之。**上乃可**，遂夷越宗族，國除。（《史記・魏豹彭越列傳》，頁2594）

　　1b. 於是呂后令其舍人告越復謀反。廷尉奏請，遂夷越宗族。（《漢書・韓彭英盧吳傳》，頁1881）

亂臣篇章中，用以表示兩件事情前後相接的副詞「乃」共刪省21處，是數量減少最多的副詞，其次是有相同性質的「遂」（共刪9處）。例1的b句接連刪兩個「乃」字，第一個「乃」字可以視爲減省文辭，但「上乃可」一句被剷除卻致使信息減省，劉邦同意廷尉奏請這一事件過程被省略，大幅地降低了他的參與度。

〔註7〕根據高禎霙《《史》、《漢》論贊之研究》，百卷《漢書》附有「贊曰」的共八十二篇，此八十二篇「贊曰」中，襲用《史記》「太史公曰」的篇章共有二十三篇。詳見高禎霙《《史》、《漢》論贊之研究》（台北縣：花木蘭文化出版社，2006），頁135。本研究所探討的亂臣篇章唯〈張耳陳餘傳贊〉有大半篇幅襲用《史記》「太史公曰」，故統計比較時，論贊語言一併采計；其餘篇章的論贊語言則不列入計算。

〔註8〕楊樹達《漢書窺管・卷六》（上海：上海古籍出版社，1984），頁431。

〔註9〕參考徐復觀《兩漢思想史》（上海：華東師範大學出版社，2001），頁323。

2a. <u>常數</u>從其下鄉南昌亭長寄食，<u>數月</u>，亭長妻患之，乃晨炊蓐食。
（《史記·淮陰侯列傳》，頁 2609）

2b. 信從下鄉南昌亭長食，亭長妻苦之，乃晨炊蓐食。（《漢書·韓彭英盧吳傳》，頁 1861）

漢語沒有形態標誌，事件、動作究竟是哪種時態，必須由上下文或者副詞、助詞來表示。時間副詞「常」一般用以表示曾經存在過某種事實，為過去式，例 2b 刪「常」則動作、事件的時態或變成現在式、或不明確；而少了時間副詞「數」就未能強調動作行為的頻繁。

助詞刪省凡 46 處，其中「者」字、「之」字各 19 處。例如：

3a. 張耳、陳餘，世傳所稱賢<u>者</u>；其賓客廝役，莫非天下俊桀，所居國無不取卿相者。（《史記·張耳陳餘列傳》，頁 2586）

3b. 張耳、陳餘，世所稱賢，其賓客廝役皆天下俊桀，所居國無不取卿相者。（《漢書·張耳陳餘傳》，頁 1843）

4a. 韓王信<u>者</u>，故韓襄王孽孫也，長八尺五寸。（《史記·韓信盧綰列傳》，頁 2631）

4b. 韓王信，故韓襄王孽孫也，長八尺五寸。（《漢書·魏豹田儋韓王信傳》，頁 1852）

由實詞與助詞「者₁」組合的定中結構，常會因語境而省去中心詞，形成以偏代整的情況，如例 3b 翦去「者」字，「賢」字因此既有賢能的意思，又有賢者的意思，此時用「者」與不用「者」便構成同義。例 4 介紹韓王信的生平背景，a 句帶有助詞「者₂」，表示語氣提頓，b 句則刪除。《史記》大面積使用表示提頓的「者₂」，《漢書》幾乎不予保留（亂臣篇章裡頭皆不用）。

5a. 滕公言之上曰：「臣客故楚令尹薛公者，其人有籌筴<u>之計</u>，可問。」
（《史記·黥布列傳》，頁 2604）

5b. 滕公言之上曰：「臣客故楚令尹薛公，其人有籌筴，可問。」（《漢書·韓彭英盧吳傳》，頁 1888）

例 5b 班固以為「籌筴」、「計」同義，故去「之計」二字，然中井積德言：「《漢書》刪『之計』二字，然『計』稱其智數也，非複文，不必削。」〔註 10〕他認為「籌筴」是計策，而「計」指薛公的機智，並非同義連用。

〔註 10〕瀧川龜太郎《史記會注考證·黥布列傳》（台北：萬卷樓圖書股份有限公司，1993），頁 1062。

　　語氣詞共有 39 處被刪省，表示斷定語氣的「也」字足有 25 例。例如：

　　6a. 豹謝曰：「人生一世間，如白駒過隙<u>耳</u>。今漢王慢<u>而</u>侮人，罵詈諸侯羣臣如罵奴耳，非有上下禮節<u>也</u>，吾不忍復見也。」（《史記‧魏豹彭越列傳》，頁 2590）

　　6b. 豹謝曰：「人生一世間，如白駒過隙。今漢王嫚侮人，罵詈諸侯羣臣如奴耳，非有上下禮節，吾不忍復見也。」（《漢書‧魏豹田儋韓王信傳》，頁 1846）

語氣詞的使用往往因人而異，正因為如此，所體現出來的文體特徵，恰恰反映出者獨特的寫作個性。〔註 11〕《漢書‧魏豹傳》翦句末語氣詞「耳」、「也」以及連詞「而」。「耳」和「也」用與不用，雖然都不會直接影響到文意，但卻能感受到兩書間在語氣、態度上有著些微的差異。另外，具有連接並列關係、順承關係、遞進關係的「而」字是數量減少最多的連詞，共 18 例，其他連詞、介詞也多有省略，在在可見出《漢書》經常去除過渡性的詞語。

　　《史記》多有不避繁重處，從重言虛詞〔註 12〕的頻繁使用即可知一二，例如：

　　7a. 淮南王至，上方踞牀洗，召布入見，布<u>甚大</u>怒，悔來，欲自殺。（《史記‧黥布列傳》，頁 2602）

　　7b. 至，漢王方踞牀洗，而召布入見。布<u>大</u>怒，悔來，欲自殺。（《漢書‧韓彭英盧吳傳》，頁 1886）

「甚大」都表示程度深，b 句因此刪「甚」字，雖僅有一字之差，「怒」的程度卻有很大的區別。班固為求語言經濟，常省複文，王叔岷《史記斠證》發明尤多。

　　心理刻劃，展現人物靈魂是《史記》的藝術成就之一。亂臣篇章裡，司馬遷經常運用全知全能的視角去描寫人物的心理活動，但到了《漢書‧張耳陳餘傳》、《漢書‧韓信傳》卻多有刪省，例如：

〔註 11〕參考東英壽〈從虛詞的使用看歐陽修《五代史記》的文體特色〉，《江西師範大學學報（哲學社會科學版）》第 41 卷第 4 期（2008 年 8 月），頁 45。

〔註 12〕程維：「這種把兩個相同意義的虛詞疊加到一起的方式，古人叫做『重言』、『複語』，但並不只針對虛詞；針對虛詞，俞樾先生把它稱作『語詞疊用』。我們姑且結合這兩者的意思，把它叫做『重言虛詞』。」詳見程維〈《史記》重言虛詞研究〉，《佳木斯大學社會科學學報》第 28 卷第 3 期（2010 年 6 月），頁 55。

8a. 乃吾等非也。吾王長者，不倍德。且吾等義不辱，今**怒**高祖辱我王，故欲殺之，何乃汙王爲乎？（《史記·張耳陳餘列傳》，頁 2583）

8b. 吾等非也。吾王長者，不背德。且吾等義不辱，今帝辱我王，故欲殺之，何乃汙王爲？（《漢書·張耳陳餘傳》，頁 1840）

9a. 今王已出，吾責已塞，**死不恨矣**。且人臣有篡殺之名，何面目復事上哉！縱上不殺我，**我不愧於心乎**？（《史記·張耳陳餘傳》，頁 2585）

9b. 今王已出，吾責塞矣。且人臣有篡弒之名，豈有面目復事上哉！（《漢書·張耳陳餘傳》，頁 1842）

《漢書·張耳陳餘傳》刪「怨」、「恨」、「愧」等心理動詞，貫高的心理活動也就不得而知。例 9 的「縱上不殺我，我不愧於心乎」一句，瀧川龜太郎并舉田橫、項羽之言，評道：「當時英雄壯士，皆能知愧，可尚也。」〔註13〕 翦除這一「愧」字，似有損壯士形象。

10a. 食時信往，不爲具食。信亦知其意，**怒**，竟絕去。信釣於城下，諸母漂，有一母見信飢，飯信，竟漂數十日。信**喜**，謂漂母曰：「吾必有以重報母。」（《史記·淮陰侯列傳》，頁 2609）

10b. 食時信往，不爲具食。信亦知其意，自絕去。至城下釣，有一漂母哀之，飯信，竟漂數十日。信謂漂母曰：「吾必重報母。」（《漢書·韓彭英盧吳傳》，頁 1861）

11a. 信方斬，曰：「吾**悔**不用蒯通之計，乃爲兒女子所詐，豈非天哉！」遂夷信三族。（《史記·淮陰侯列傳》，頁 2628）

11b. 信方斬，曰：「吾不用蒯通計，反爲女子所詐，豈非天哉！」遂夷信三族。（《漢書·韓彭英盧吳傳》，頁 1878）

《漢書·韓信傳》去「怒」、「喜」、「悔」等字。例 10a 姚祖恩認爲：「蓋久之知，至是則不得不怒耳。可憐。」又：「前怒今喜，其可憐一也」，〔註14〕 這一怒一喜之間，寫盡了韓信在落魄時涕笑交織的內心世界。例 11a 則揭露了韓

〔註13〕 〔日〕瀧川龜太郎《史記會注考證·黥布列傳》（台北：萬卷樓圖書股份有限公司，1993），頁 1055。

〔註14〕 〔清〕姚祖恩《史記精華錄》（台北：聯經出版事業股份有限公司，2010），頁 148。

信悔毒之歎，恨自己失去良機。這兩個例子的 b 句刪心理動詞，韓信前期的可憐與臨終的悔恨皆不可見。

《漢書》亦有對句群、段落刪省處，以〈彭越傳〉載張良向劉邦獻計為例：

12a. 留侯曰：「……今豹死毋後，且越亦欲王，而君王不蚤定，與此兩國約，即勝楚。睢陽以北至穀城，皆以王彭相國：**從陳以東傅海，與齊王信。齊王信家在楚，此其意欲復得故邑。君王能出捐此地許二人，二人今可致；即不能，事未可知也。**」於是漢王乃發使使彭越，如留侯策。使者至，彭越乃悉引兵會垓下，**遂破楚**。（《史記‧魏豹彭越列傳》，頁 2593）

12b. 留侯曰：「……今豹死亡後，且越亦欲王，而君王不蚤定。今取睢陽以北至穀城，皆許以王彭越。」又言所以許韓信。語在高紀。於是漢王發使使越，如留侯策。使者至，越乃引兵會垓下。
（《漢書‧韓彭英盧吳列傳》，頁 1880）

班固將「從陳以東傅海，與齊王信。齊王信家在楚，此其意欲復得故邑。君王能出捐此地許二人，二人今可致；即不能，事未可知也」一段從《漢書‧彭越傳》給刪除，挪移至〈高祖本紀〉，削弱了韓信在整個事件上的影響力，又，刪「遂破楚」三字，韓信、彭越對破楚的作用就不容易看出來。〔註 15〕除例 13 外，《史記》句群、段落被刪削處還可見於〈張耳陳餘傳〉以及〈韓信傳〉，班固刪略這兩篇章中的蒯通語，將其改寫後移入〈蒯伍江息夫傳〉。

二、改易

《漢書》偶有改易《史記》文辭者，這一點明顯表現在班固好用古義古字上，王鳴盛《十七史商榷》即指出「《史記》多俗字，《漢書》多古字」，〔註 16〕司馬遷行文多採當時通行的文字，班固則多改作古字，後者因此失去了語言的通俗性。有關改易的問題，這裡主要講的不是古字相通的用例，而是經修改後色彩、語氣等有所差別者。例如：

1a. 人情**寧**不各愛其父母妻子**乎**？今吾三族皆以論死，豈以王易吾親哉！（《史記‧張耳陳餘列傳》，頁 2584）

〔註15〕參考徐方朔《史漢論稿》（南京：江蘇古籍出版社，1984），頁 100。
〔註16〕〔清〕王鳴盛《十七史商榷‧四》（台北：中華書局，1985），頁 238。

1b. 人情**豈**不各愛其父母妻子**哉**？今吾三族皆以論死，豈以王易吾

　　親哉！（《漢書・張耳陳餘傳》，頁 1841）

「寧……乎」與「豈……哉」皆用以表達反詰語氣，比較起來，例 1a 的「乎」還留有詢問的語氣，似有延續「沛公勞苦如是不韙」的語境；而 b 句的「哉」不帶有一絲詢問的意思，則表現出貫高情緒之激憤（「乎」、「哉」相關論述參見第三章）。此外，《史記》前文用「寧」字、後文用「豈」字（「豈以王易吾親哉」），交替使用表反詰的語氣副詞，顯現錯綜變化，避免板滯，較《漢書》運用「豈」字更佳。

2a. 項王喑噁叱咤，千人皆廢，然不能任屬賢將，此特匹夫之勇**耳**。

　　（《史記・淮陰侯列傳》，頁 2612）

2b. 項王意烏猝嗟，千人皆廢，然不能任屬賢將，　此特匹夫之勇**也**。

　　（《漢書・韓彭英盧吳傳》，頁 1864）

《漢書・韓信傳》將「耳」換成「也」。司馬遷使用限止語氣的「耳」與前方的「特」字相配合，表現出項王不過是匹夫之勇罷了；而班固選用停頓語氣的「也」，語氣稍作緩和。

3a. 乃脫解印綬，推予張耳。張耳亦**愕不受**。（《史記・張耳陳餘列

　　傳》，頁 2580）

3b. 乃脫解印綬與耳，耳**不敢受**。（《漢書・張耳陳餘傳》，頁 1837）

陳餘脫解印綬一事，《史記》載張耳的反應是因為驚愕所以不受，《漢書》則是因為心理畏懼而不敢受。「愕」和「不敢」詞義雖然不同，但楊玉正認為這兩種心理狀態有交叉的地帶，驚愕中會帶有些許的畏懼，且驚愕過後又很容易心生畏懼。〔註 17〕據其說法，「愕」含括「畏」這一心理狀態，如此用「愕」也許比「敢」要更為恰當一些，因為陳餘的行為來得又急又突然，張耳瞬間的情緒應該是驚訝、錯愕；再者，〈張耳陳餘列傳〉從頭至尾寫陳餘往往不如張耳，那麼張耳畏懼的又是什麼呢？使用「愕」的涵蓋面廣，張耳的心理狀態被描寫的更有深度，同時也更符合該篇塑造出的人物形象。

4a. 告諸將相曰：「此壯士也。方辱我時，**我寧不能殺之邪**？殺之無

　　名，故忍而就於此。」（《史記・淮陰侯列傳》，頁 2626）

〔註 17〕參考楊正玉《史記》與《漢書》的同義修辭研究〉（長沙：湖南師範大學碩
　　　士論文，2005），頁 28。

4b. 告諸將相曰：「此壯士也。方辱我時，**寧不能死？死之無名**，故
　　忍而就此。」（《漢書・韓彭英盧吳傳》，頁 1875）

這組例句主要信息同講韓信「忍而就於此」，但次要信息因馬班二人陳述的角
度不同而有些微出入，《史記》用「殺」，是專就辱己少年，《漢書》用「死」，
則是韓信專指己身。

5a. 高祖曰：「是齊辯士也。」乃詔齊<u>捕</u>蒯通。（《史記・淮陰侯列傳》，
　　頁 2629）

5b. 高祖曰：「此齊辯士蒯通也。」<u>召</u>欲亨之。（《漢書・韓彭英盧吳
　　傳》，頁 1878）

5c. 高祖曰：「是齊辯士蒯通。」乃詔齊<u>召</u>蒯通。（《漢書・蒯伍江息
　　夫傳》，頁 2165）

例 5 由於動詞的不同，致使主要信息產生變化（例 5a 與 5c 的句型完全相同，
僅有一字之差，其間的異同更加清楚可辨），有失司馬遷本意，並且生動性、
真實性都不如《史記》。〔註18〕雖然都是蒯通到高祖所在處的動作，但《史記》
作「捕」，是捉拿犯人、罪人的意思，受事者是被動的，而《漢書》作「召」，
是呼喚使之前來的意思，較不若「捕」那般具強制性、被動性，而受事者也
不具負面色彩。

〈韓信傳〉武涉往說齊王信一段，班固作了大幅度的刪改，他不僅將最
重要的二十句話都加以刪節（引文中以**粗體底線**標誌），就連保留的字句也都
經過挪移：

6a. <u>天下共苦秦久矣，相與勠力擊秦。秦已破，計功割地，分土而</u>
　　<u>王之，以休士卒。今漢王復興兵而東，侵人之分，奪人之地，</u>
　　<u>已破三秦，引兵出關</u>，收諸侯之兵以東擊楚，其意非盡吞天下
　　者不休，其不知厭足如是甚也。且漢王不可必，身居項王掌握
　　中數矣，<u>項王憐而活之</u>，然得脫，輒倍約，復擊項王，其不可
　　親信如此。今足下雖自以與漢王為厚交，<u>為之盡力用兵</u>，終為
　　之所禽矣。足下所以得須臾至今者，以項王尚存也。<u>當今二王</u>
　　<u>之事</u>，權在足下。足下右投則漢王勝，左投則項王勝。項王今
　　日亡，則次取足下。足下與項王有故，何不反漢與楚連和，參

〔註18〕參考劉敏雄，〈史記淮陰侯列傳與漢書韓信傳試析——史漢文字比較之一
　　例〉，《史苑》第 35 卷（1982 年 6 月），頁 143。

分天下王之？今釋此時，而自必於漢以擊楚，且爲智者固若此乎！（《史記‧淮陰侯列傳》，頁2622）

6b. 足下何不反漢與楚？楚王與足下有舊故。且漢王不可必，身居項王掌握中數矣，然得脫，背約，復擊項王，其不可親信如此。今足下雖自以與漢王爲金石交，然終爲漢王所禽矣。足下所以得須臾至今者，以項王在。項王即亡，次取足下。何不與楚連和，三分天下而王齊？今釋此時，自必於漢王以擊楚，且爲智者固若此邪！（《漢書‧韓彭英盧吳傳》，頁1874）

遊說式對話爲了能有效地影響受話者的決斷，必須具備明確的觀點以及強勁的煽動性。例6的主要信息是同一件事，即「與楚連和，三分天下而王」，但說話的方式、信息的選擇〔註19〕卻有所不同，《漢書》對《史記》句群、段落的挪移痕跡可標示爲：

《史》：陳述天下局勢→劉擊項→信終被禽→項亡韓亡→有舊交可投楚

《漢》：有舊交可投楚→劉擊項→信終被禽→項亡韓亡→再次建議投楚

《史記》始自「天下共苦秦久矣」，緊接著細數劉邦不仁不義的奸詐形象，止於韓信、項羽二人有故交可投楚；《漢書》則開宗明義，以「足下何不反漢與楚」領起遊說之詞。由此可見《史》《漢》邏輯深度的差別，《史記》敘述的層次是由大至小，從天下局勢分析起，足見眼界之開闊，同時也將韓信的格局放大到需以論斷天下局勢做起始；而《漢書》僅圍繞在私交及品德，目光短淺、力道不足。另一方面，被刪減的語句大半都是有關劉邦不知厭足的言論，以及韓信的能力足以左右天下局勢，徐復觀以爲這都是爲了減輕劉邦的罪惡：

當韓信下齊，並斬楚將龍且後，「項王恐，使盱台人武涉往說信」，班氏把武涉說韓信中最重要的共二十句話，都加以刪節，……這都是爲了減輕劉邦夷韓信三族的罪惡。〔註20〕

〔註19〕《古漢語同義修辭》提及：「信息的選擇是對同一件事件或同一內容的整體信息（可能同時具有的全部信息）中的部分信息而言，信息選擇的優劣決定於交流思想的目的和言語交際的環境。」詳見李維琦、王玉堂、王大年、李運富著《古漢語同義修辭》（長沙：湖南師範大學出版社，2012），頁28。

〔註20〕徐復觀以爲：「當韓信下齊，並斬楚將龍且後，『項王恐，使盱台人武涉往說信』，班氏把武涉說韓信中最重要的共二十句話，都加以刪節，且另立〈蒯通傳〉，將蒯通說韓信的語，從〈韓信傳〉中，分割出去，這都是爲了減輕劉邦夷韓信三族的罪惡。」詳見徐復觀《兩漢思想史》（上海：華東師範大學出版社，2001），頁320。

當《漢書》將《史記》那些詳列劉邦負面行徑、韓信正面形象的這些語句進行刪削、挪移，劉邦最後夷韓信三族一事，其負面評價也就不若《史記》來的強烈。

第二節 《史》《漢》亂臣篇章的同義修辭

《古漢語同義修辭》認為：「凡後出的大抵都要程度不同地修改前人的著述，不完全蹈襲前人，這不同的說法，即是修辭。」〔註21〕探究修改的用意、分析各自的表現力及韻味、釐清選用詞語的主觀因素和客觀關係，將這些特徵歸納整理，其總合即是同義手段的修辭效果，此一結果不僅可以凸顯出《史記》的詞彙風格，亦能夠彰顯司馬遷在語篇裡所隱藏的立場。《史》《漢》亂臣篇章的同義手段所形成的修辭、風格大抵可歸納為幾點，〔註22〕茲分述如下：

一、人物：《史記》立體，《漢書》平面

《史》《漢》皆為紀傳體，錄人物的事蹟、性情，但相對而言，前者的人物立體，比較能表現個性，後者則缺少這種生動個性的表現。〔註23〕《史記》在錄人物語言時，通常會竭力保持對話時的兩方神氣，故其筆下人物具有各自的性格特徵和風貌，形象鮮明突出；《漢書》在襲用《史記》時，經常將這些人物語言刪節、挪動，以短短的幾行字帶過，僅留下一個故事梗概，雖然也有人物的進場與出場，卻缺少生動個性的表現。例如，第一節嘗論及《漢書·張耳陳餘傳》刪「怨」、「恨」、「愧」，《漢書·韓信傳》削「怒」、「喜」、「悔」等心理動詞，使得司馬遷筆下有怨有恨的貫高、乍喜乍怒的韓信，像是影影綽綽的兩個影子，讀者無法進入他們的內心世界。又如，最常為後人討論的班固盡刪蒯通語，《史記·淮陰侯列傳》自「蒯通之天下權在於信」以降，多達 1321 字的人物語言皆不見於《漢書·韓信傳》，只作 46 字：「武涉已去，蒯通知天下權在於信，深說以三分天下，鼎足而王。語在通傳。信不忍背漢，又自以功大，漢王不奪我齊，遂不聽。」（《漢書·韓彭英盧吳傳》，

〔註21〕李維琦、王玉堂、王大年、李運富著《古漢語同義修辭》（長沙：湖南師範大學出版社，2012），頁 20。

〔註22〕必須說明的是，這裡列出的四點特徵都是比較中凸顯出來的，是就亂臣篇章的整體傾向而言，個別的詞彙、語句極有可能表現出截然相反的特點。

〔註23〕參考徐復觀《兩漢思想史》（上海：華東師範大學出版社，2001），頁 325。

頁 1875）顧炎武認爲這使得該傳「寥落不堪讀」，〔註24〕「寥落不堪讀」指的不僅是對人物形象的減損，更是對全傳精神的破壞。

首先，蒯通形象變得模糊。班固將蒯通的段落獨立出〈韓信傳〉，削弱了其在歷史變動中的作用性，〔註25〕並且其戰國縱橫家遺風的形象不再鮮明；其次，韓信的態度不變。〈淮陰侯列傳〉詳載韓信拒絕蒯通：

> 韓信曰：「漢王遇我甚厚，載我以其車，衣我以其衣，食我以其食。
> 吾聞之，乘人之車者，載人之患；衣人之衣者，懷人之憂；食人之
> 食者，死人之事，吾豈可以鄉利倍義乎！」（《史記·淮陰侯列傳》，
> 頁 2624）

在應答中，韓信用副詞「甚」強調劉邦厚愛的程度〔註26〕並用反詰語氣「吾豈可以鄉利倍義乎」表現堅定的態度。清人趙翼嘗論：

> 《史記·淮陰侯傳》，全載蒯通語，正以見淮陰之心乎爲漢，雖以通
> 之說喻百端，終確然不變。而他日之誣以反而族之者之冤，痛不可
> 言也。班書，則〈韓信傳〉盡刪通語，而別爲通作傳，以此語敘入
> 〈通傳〉中，似乎詳簡得宜矣！不知蒯通本非必應立傳之人，載其
> 語於〈淮陰傳〉，則淮陰之心跡見，而通之爲辯士亦附見。史遷所以
> 不更立蒯通傳，正以明淮陰之心，兼省卻無限筆墨。〔註27〕

《漢書·韓信傳》挪移後，韓信的形象大大地改變，其忠於劉邦的立場不復存在。事實上，可以表現出韓信對漢室態度的段落，被刪減又何止這一處，亦可見於韓信對武涉的回覆：

> 夫人深親信我，我倍之不祥，**雖死不易**。幸爲信謝項王！（《史記·
> 淮陰侯列傳》，頁 2622）

〔註24〕顧炎武曰：「班孟堅爲書，束於成格而不及變化。且如《史記·淮陰侯列傳》未載蒯通事，令人讀之感慨有餘味；〈淮南王傳〉中伍被與王答問語，情態橫出，文亦工妙，今悉刪之，而以蒯、伍合江充、息夫躬爲一傳，蒯最冤，伍次之，二淮傳寥落不堪讀矣。」詳見〔清〕顧炎武《顧炎武全集·日知錄·卷二六》（上海：上海古籍出版社，2011），頁985。

〔註25〕宋嗣廉認爲：「司馬遷區別專傳與附傳主要是從歷史人物的作用和特點出發安排的，他將蒯通附於〈淮陰侯列傳〉有其深意。」詳見宋嗣廉《史記藝術美研究》（長春：東北師範大學出版社，1986），頁111。

〔註26〕就是在《漢書·蒯通傳》裡，韓信「漢王遇我甚厚」這句話也被改寫作「漢遇我厚」，程度副詞「甚」被刪除。詳見《漢書·蒯伍江息夫傳》，頁2163。

〔註27〕〔清〕趙翼《陔餘叢考（二）·卷五》（台北：萬卷樓圖書股份有限公司，1993）。

夫人深親信我，背之不祥。幸爲信謝項王。(《漢書‧韓彭英盧吳傳》，
頁 1874)

《史》《漢》的差別在於「雖死不易」這句話的有無，王叔岷認爲：「『雖死不易，』正以自明決無反意。」〔註 28〕虛詞「雖」能夠表示一種比事實本身要誇張得多的假設，〈淮陰侯列傳〉提出「雖死」這一誇大的假設，引出「不易」這一正題，誇張之詞凸出韓信語氣裡的肯定，忠義英勇的形象乍現。

班固所以對《史記》進行有條件的改造，實由於兩人寫作時所採取的立場大相逕庭。徐復觀指出：

> 史公是站在人類的立場看歷史，所以漢代及其他朝代，在史公心目中，是受到同樣的客觀尺度來處理。而班氏則是站在漢代帝室的立場來看歷史，所以他所操持以衡量歷史的客觀尺度，與史公未嘗不相同，因爲兩人都是儒家思想。但應用到漢代帝室時，尺度的客觀性，便不知不覺的打了若干折扣，這在帝紀中對高祖與武帝的處理最爲明顯。而在傳中，則對以韓信爲首的被殺戮的異姓功臣的處理上最爲明顯。〔註 29〕

司馬遷是基於「別嫌疑，明是非，定猶豫，善善惡惡，賢賢賤不肖」這一寫作原則，從家國、人民、歷史發展的利害功過的角度來「采善貶惡」；而《漢書》由於時代思潮與政治立場的關係，雖然也明善惡，但卻是從維護君統、忠於漢室的觀點出發，更重視論忠辨奸。〔註 30〕在這樣的前提之下，回過頭去看兩者語言運用的差異，司馬遷對韓信、黥布、彭越三人謀反、叛變一事的所採取的立場也就足夠明顯。

司馬遷替韓信、黥布單獨立傳，又在〈魏豹彭越列傳〉中突出了彭越，〔註 31〕充分地肯定他們在漢朝建立的過程扮演舉足輕重的角色，在他看來，他們三人並非「徼一時之權變，以詐力成功」、「卒謀叛逆，終於滅亡」(《漢

〔註 28〕王叔岷《史記斠證》(北京：中華書局，2007)，頁 2720。

〔註 29〕徐復觀《兩漢思想史》(上海：華東師範大學出版社，2001)，頁 317。

〔註 30〕參考傅正義〈《史記》、《漢書》比較簡論〉，《渝州大學學報(哲學社會科學版)》第 1 期(1996 年)，頁 36。

〔註 31〕據研究者統計魏傳 417 字，彭傳 987 字(此未採計論贊語言)。兩者間不僅字數不同，就連論贊語言也著重於彭越，中井積德曰：「『懷畔』句，在越爲誣；『批刑戮』，在豹不當；又『智略絕人』句，亦在魏豹爲不當，蓋是贊主意在彭越也。」詳見瀧川龜太郎《史記會注考證‧魏豹彭越列傳》(台北：萬卷樓圖書股份有限公司，1993)，頁 1058。

書・韓彭英盧吳傳》，頁 1895）之人，所謂的謀逆是被人所誣或情勢所迫，司
馬遷巧妙的運用語言，揭發專制政權的黑暗面，這一點清楚的表現在韓信被
擒時的人物語言：

> 信曰：「果若人言，『狡兔死，良狗亨；高鳥盡，良弓藏；敵國破，
> 謀臣亡。』天下已定，我固當亨！」（《史記・淮陰侯列傳》，頁 2627）

> 信曰：「果若人言，『狡兔死，良狗亨。』」（《漢書・韓彭英盧吳傳》，
> 頁 1876）

〈韓彭英盧吳傳〉刪「天下已定，我固當亨」一句。司馬遷於〈淮陰侯列傳〉
連續提到「天下已定」、「天下已集」，用虛詞「已」標誌事情的時間性（相
關論述可見第三章），而下一分句的副詞「固」說明情況按理應當如此的，
直指劉氏政權的這一連串行動在眾人的預料之中；而班固將這一句撤下，韓
信的謀反是否爲劉邦等人的計謀也就無跡可循。凡此種種，皆表現出兩位作
者因爲截然不同的立場，故所型塑出的人物形象也就不同，進而決定讀者的
判斷。

二、筆觸：《史記》激昂，《漢書》冷靜

司馬遷和班固作爲史家，必須嚴正地紀錄歷史事實、歷史活動，兩人基
本都有得到「實錄」的評價，但其性質卻有些微不同：《史記》因爲「不虛美，
不隱惡」而被視爲實錄；《漢書》則本著「不激詭，不抑抗」的寫史態度被稱
作實錄。浦起龍評馬班二人道：「遷多憤時嫉俗，感慨寄託之辭，而固則但取
中正無疵而已，其意致不同。」〔註 32〕相較於班固冷靜客觀、中庸持平的筆
觸，司馬遷筆端極富感情色彩，有此一差異實由於兩人的生命經驗不同，葉
慶炳謂：

> 司馬遷、班固修史期間，均曾下獄。然班固不過一場虛驚，司馬遷
> 則含冤受刑，終身蒙垢。故班固撰史不失客觀立場，而司馬遷則不
> 免借題發揮，其書時寓身世之感。〔註 33〕

司馬遷因遭受李陵之禍，致使《史記》全書以「憤」爲基調，魯迅說：「恨爲
弄臣，寄心楮墨，感身世之戮辱，傳畸人於千秋」，〔註 34〕他自覺地表現出對

〔註 32〕〔清〕浦起龍《釀蜜集・卷二・班馬異同》，轉引自楊燕起、陳可青、賴長揚
　　　　編《歷代名家評史記》（台北：博遠出版有限公司，1990），頁 317。

〔註 33〕葉慶炳《中國文學史・上》（臺北：學生書局，1990），頁 80。

〔註 34〕魯迅《魯迅全集（9）・漢文學史綱》（北京：人民文學出版社，2005），頁 435。

筆下人物的褒貶愛憎，使得是非善惡的本來面貌更加鮮明；〔註35〕相較之下，班固根據史實與史料作判斷，從政治與歷史的角度評價歷史人物的功過，他盡量避免加入個人喜惡與情感式的句式，這一點清楚體現在他對《史記》虛詞的刪改。據統計，亂臣篇章使用虛詞的比例，《漢書》要比《史記》來得少（例如〈張耳陳餘列傳〉虛詞量佔總字數的 18.3%，而〈張耳陳餘傳〉為 15.9%），用以強調語氣、增強某種感情色彩的助詞，以及專門用來抒發情緒的語氣詞使用量都銳減。

司馬遷經常自覺地評價人物，這一點，尤其明顯地體現在有著不幸遭遇的人物身上，他對這些悲劇人物灌注全部感情於其中，例如立場明晰的〈彭越傳〉、態度隱晦的〈淮陰侯列傳〉；行文中也不免有借題發揮處，在經歷那場深刻的體驗後，他認為「人固有一死，或重於泰山，或輕於鴻毛，用之所趨異也。」〔註36〕人生最高的價值在於如何抉擇「生」與「義」，這個想法在〈魏豹彭越列傳〉的論贊語言多有闡發；又〈報任安書〉裡又說「夫人情莫不貪生惡死，念父母，顧妻子。至激於義理者不然，乃有所不得已也。」〔註37〕相類似的言論亦可見於貫高與泄公的對話：「人情寧不各愛其父母妻子乎？今吾三族皆以論死，豈以王易吾親哉！顧為王實不反，獨吾等為之。」（〈張耳陳餘列傳〉，頁 2584）話語裡使用多少虛詞以堆疊出激昂的情緒。亂臣篇章裡，〈張耳陳餘列傳贊〉與〈張耳陳餘傳贊〉最能直接看出兩人筆觸的差異：

> 太史公曰：張耳、陳餘，世傳所稱賢**者**；其賓客廝役，莫非天下俊桀，所居國無不取卿相者。然張耳、陳餘始居約時，相然信以死，豈顧問哉。及據國爭權，卒相滅亡，何鄉者相慕用之誠，後相倍之戾也！**豈非以勢利交哉？名譽雖高，賓客雖盛，所由殆與太伯、延陵季子異矣**。（《史記・張耳陳餘列傳》，頁 2586）

> 贊曰：張耳、陳餘，世所稱賢，其賓客廝役皆天下俊桀，所居國無不取卿相者。然耳、餘始居約時，相然信死，豈顧問哉！及據國爭

〔註35〕 參考季鎮淮《大家小書・司馬遷》附錄〈司馬遷是怎樣寫歷史人物傳記的——從「實錄」到典型化〉（北京：北京出版社，2002），頁 157。

〔註36〕 〔漢〕司馬遷〈報任安書〉，收入王力《古代漢語（校訂重排本）》（北京：中華書局，2007），頁 917。

〔註37〕 〔漢〕司馬遷〈報任安書〉，收入王力《古代漢語（校訂重排本）》（北京：中華書局，2007），頁 918。

權，卒相滅亡，何鄉者慕用之誠，後相背之盭也！**勢利之交，古人羞之，蓋謂是矣。**（《漢書‧張耳陳餘傳》，頁 1843）

〈張耳陳餘傳〉將「太史公曰」最末幾句進行了大幅度的變更：首先，疑問句「豈非以利哉」改爲肯定句「勢利之交」，《史記》用「豈」字與「哉」字構成反詰語氣，透過反問以進行肯定，具有加強語勢的效果，而《漢書》卻僅是直述一項事實，字裡行間不見司馬遷那激昂的情緒。其次，「名譽雖高，賓客雖盛，所由殆與太伯、延陵季子異矣」一段全刪，更爲「古人羞之，蓋謂是矣」，錢鍾書嘗言：「《漢書‧張耳、陳餘傳‧贊》全用《史記》語而改末句爲『勢力之交，古人羞之，蓋謂是矣。』指斥更明。」〔註 38〕班固用肯定句直接貶抑張、陳二人爲了爭權奪利進而相殘的行徑，而司馬遷則是在否定的同時摻入個人情緒，用句末語氣詞「矣」行諷刺（相關論述參見第三章）。

三、句式：《史記》變化，《漢書》規矩

章學誠評《史》《漢》的藝術風格說：「馬則近於圓而神，班則近於方以智也……。遷書通變化，而班氏守繩墨。」〔註 39〕指出《史記》的篇章結構線索分明，照應周密，文氣富於變化；而《漢書》大概要力存簡要，文體較缺少變化。章氏所說的「圓」與「方」雖是就體例而言，但亦能說明語言的運用，司馬遷善於創造性地組織各種不同的結構來介紹、聯繫人物和事件。

《史記》繼承、發展先秦典籍的敘事方法，〔註 40〕透過連貫、插入、交替等記敘形式，有條理地呈現出紛雜的歷史事件，同時也讓句法富於變化，層出不窮。連貫，是按照人物先後的經歷或事件發生、發展的進程爲順序來記敘，連貫語有「頃之」、「久之」、「於是」等；插入，是在一人物一事件的記敘中，又插入另一人物、另一事件或一種評議，常用「初」、「嘗」等虛詞；

〔註38〕錢鍾書《管錐編》（北京：中華書局，1979），頁 334。

〔註39〕〔清〕章學誠著，倉修良編注《文史通義新編新注》（杭州：浙江古籍出版社，2008），頁 36。

〔註40〕常見的敘事方法有五種：順敘、倒敘、插敘、平敘、補敘等。《尚書》、《春秋》由於當時書寫工具的影響，它們對史實的敘寫，概括簡潔，文字偏少，篇幅短小，所運用的敘事方法單一，一般是順敘，到了《左傳》、《國語》、《戰國策》等史籍，容量逐漸增大、篇幅逐漸擴張，敘事方法有了很大的發展，越來越多樣化。詳見楊丁友《《史記》寫作文化研究》（成都：四川大學，2009），頁 93。

交替，是作者替換敘述各方，使多種事件運行、各種人物活動在同一時間內進行，常用語有「當是時」、「方」等。〔註41〕例如：

> 漢十一年秋，陳豨反代地，高祖如邯鄲擊豨兵，燕王綰亦擊其東北。**當是時**，陳豨使王黃求救匈奴。燕王綰亦使其臣張勝於匈奴，言豨等軍破。(《史記·韓信盧綰列傳》，頁 2638)

> 初，上如邯鄲擊豨，燕王綰亦擊其東北。豨使王黃求救匈奴，綰亦使其臣張勝使匈奴，言豨等軍破。(《漢書·韓彭英盧吳傳》，頁 1892)

敘事過程中，常有多項人物活動、事件在同一個時間內發生，司馬遷於是採用交替的敘述方法，靈活地變換敘述各方，例句中，他用「當是時」來銜接平行時空裡發生的多項活動；而《漢書》將其省略，彷彿這些個事件是按照時間順序線性發生。類似的例子還有很多，吳見思亦點出司馬遷善用連接功能的虛詞：「中間總處、提處、見接處、遙接處，多用『於是』、『當是時』等字，神理一片。」〔註42〕這段話雖是用來評點〈項羽本紀〉，但也能說明《史記》整體的情況，「而」、「及」、「遂」、「乃」等連結字，使文章過脈時前後文連貫、轉折自然，並起到一個提醒讀者注意行文邏輯的效果。

　　《史記》的神明變化與《漢書》的循規蹈矩還表現在語氣。司馬遷語句、文氣跌宕，班氏刪減虛詞後整體變得直遂，如上一節裡曾例舉過的「人生一世閒，如白駒過隙耳。今漢王慢而侮人，罵詈諸侯羣臣如罵奴耳，非有上下禮節也，吾不忍復見也。」班固翦「耳」、「而」、「也」等字，使得人物的情態以及文句修辭方面較為直陳，就以「如白駒過隙耳」一句來說，司馬遷用「耳」來營造出魏豹慷慨、豁然的口氣，而《漢書》則不帶有這種語氣，其明顯與《史記》的跌宕風格不同。又例如：

> 陳豨拜為鉅鹿守，辭於淮陰侯。淮陰侯挈其手，**辟左右**與之步於庭，仰天歎曰：「子可與言乎？欲與子有言**也**。」(《史記·淮陰侯列傳》，頁 2628)

> 後陳豨為代相監邊，辭信，信挈其手，與步於庭**數匝**，仰天**而**嘆曰：「子可與言乎？吾欲與子有言。」(《漢書·韓彭英盧吳傳》，頁 1877)

《班馬異同》認為「挈其手，辟左右與之步於庭，仰天嘆」一段已不可增損，《漢書》增「數匝」已拙，增「而嘆」少緩。至於「欲與子有言也」一句增

〔註41〕參考楊樹增《史記藝術研究》(北京：學苑出版社，2004) 頁 297～303。

〔註42〕〔清〕吳見思《史記論文》(台北：中華書局，1967)，頁 66。

「吾」字、損「也」字，使得語勢徑直，「也」字不僅透露著韓信的淒涼不快，更寫出他那不決猶豫的模樣，〔註43〕足可見《史記》文字多有寄託，文氣要比《漢書》迂迴。

四、風格：《史記》繁瑣，《漢書》簡潔

《史記》以風神勝，注重氣勢，喜馳騁，再加以草創鴻筆，其字句或有疊見複出，蕪蔓者多；而《漢書》以矩矱勝，用筆整密，特尚翦裁，在襲錄《史記》部分篇章時，多刪別其冗句煩辭，整齊其文。然，《漢書》多有過份講求簡潔經濟處，致使《史記》或失原有之神彩色味，或文句晦澀難解、或竟失司馬遷本意、或斷傷文脈等，〔註44〕相形之下，《史記》語句雖然繁雜卻顯得平實易懂，誠如浦起龍於《釀蜜集》呪：「然固之書，實有未及遷者。遷敘事多以詳入妙，班務從裁省，嘗有增損一二句，一二字，而頓失神理者。」〔註45〕他認為將《史》、《漢》兩相比較後，僅有少數語句因為修改而變得更精確，總體說來，因為修改而將減損精確度者，佔絕對多數。〔註46〕例如：

> 高祖爲布衣時，嘗**數**從張耳游，<u>客數月</u>（《史記·張耳陳餘列傳》，
> 頁2572）

> 高祖爲布衣時，嘗從耳遊。（《漢書·張耳陳餘傳》，頁1830）

班固將表示次數的副詞「數」字以及「客數月」一句去掉，使得劉邦、張耳兩人的關係不若司馬遷所載的那樣深厚，不能解釋劉邦爲何對張氏父子的情誼特厚。相類似的情況也可見於〈淮陰侯列傳〉，班固刪標誌出時間、頻率的「常數從其下鄉南昌亭長寄食」、「數月」，一方面未能凸顯出韓信早年的落魄，另一方面亭長妻厭惡的情緒也未免突然。此外，《漢書》經常不錄助詞「之」，有時候連其後的定語也一併省略，例如：

> 夫以一趙尚易燕，況以兩賢王左提右挈，而責殺王<u>之罪</u>，滅燕易矣。
> （《史記·張耳陳餘列傳》，頁2577）

〔註43〕參考〔宋〕倪思撰，〔元〕劉辰翁評《班馬異同》，收入《四庫全書存目叢書》（台南：莊嚴文化，1996），頁132。

〔註44〕參考吳福助《史漢關係》（台北：文史哲出版社，1987），頁61、72。

〔註45〕〔清〕浦起龍《釀蜜集·卷二·班馬異同》，轉引自楊燕起、陳可青、賴長揚編《歷代名家評史記》（台北：博遠出版有限公司，1990），頁317。

〔註46〕參考徐復觀《兩漢思想史》（上海：華東師範大學出版社，2001），頁323。

　　夫以一趙尚易燕，況以兩賢王左提右挈，而責殺王，滅燕易矣。(《漢
　　書·張耳陳餘傳》，頁 1834)

「責殺王之罪」的「之罪」二字刪去後，語言結構、節奏改變，並且「罪」的
強調與否也有差異。類似的情況還有許多，例如用以引介對象、手段或地點的
虛詞「於」，其使用率在《漢書》中大幅減少等，在在可以發現二者在語意表達
的精確度間的差異。《史記》用語平實易懂，文句的組成較為圓滿，理解上較為
容易；而《漢書》省略部分虛詞後，呈現《漢書》用語簡潔經濟的特徵。〔註47〕

　　司馬遷經常使用重言虛詞，從獲取信息量的多少這個角度說，是沒有必
要的，但從表情達意和文意理解的角度看，重複的詞語有時候並不是沒有作
用的。《史記》為了文章的生動感和韻律感，或者標誌出特殊意見的表達，又
或者加深接受者的理解，而這些重言虛詞往往不見於《漢書》，例如第二節嘗
提及的「甚大」，又例如下文中的「愈益」：

　　張耳之國，陳餘愈益怒曰：「張耳與餘功等也，今張耳王，餘獨侯，
　　此項羽不平。」(《史記·張耳陳餘列傳》，頁 2581)

　　耳之國，餘愈怒曰：「耳與餘功等也，今耳王，餘獨侯。」(《漢書·
　　張耳陳餘傳》，頁 1838)

「愈益」改作「愈」，雖然變得簡潔精練許多，但前者所帶有的時間推進感，
那種由胸腔逐漸湧上的怒意便也隨之消失，並且節奏也有較大差異，節奏顯
得急促、氣勢減弱。

　　《史》、《漢》因使用文字的習慣與語言運用特性上的不同，形成兩種迥
然不同的文章風格，從同義手段的選用可以看出：《史記》亂臣篇章多用心理
動詞、助詞、語氣詞以增加人物的生動感，同時將個人特殊的喜愛憎惡、是
非褒貶寄託於其中，另外，連接功能的詞語則達到敘述的神明變化、跌宕起
伏，並且許多細節的描繪也使得文意更平實易懂。《漢書》在襲用《史記》時，
往往經過一系列的省略修改，因此《史記》豐富而沉重的情感，一轉為班固
冷靜保守的性格，司馬遷疏蕩馳騁的氣質，也變得簡潔精練許多，形成用語
經濟，簡潔整飭風格。

〔註47〕《晉書·張輔傳》說：「遷之著述，辭約而事舉，敘三千年事唯五十萬言；班
　　　　固敘二百年事乃八十萬言，煩省不同，不如遷一也。」張輔從字數多寡來批
　　　　評《漢》不如《史》簡約，此一差異是由於《漢書》將該附傳的人立為專傳、
　　　　類傳，單從字詞、語句來說，《漢書》較經濟。詳見〔唐〕房玄齡等撰《晉書·
　　　　張輔傳》(北京：中華書局，1974)，1640。

　　後人好尚不同，不應以此論巧拙，就如同邱逢年所言：「馬班二史互有得失，有馬得而班失者，亦有馬班同得者，且有馬失而班得者。」〔註48〕這兩位作者和他們的這兩部巨著各有自己的成就，特別是他們的歷史觀點有著明顯的不同，並不能一概而論，研究者秉持著此一觀點，盡可能地通過描述《史記》、《漢書》亂臣篇章同義手段的運用，來展現司馬遷、班固對語言的選用。

〔註48〕〔清〕邱逢年《史記闡要・班馬優劣》，轉引自楊燕起、陳可青、賴長揚編《歷代名家評史記》（台北：博遠出版有限公司，1990），頁322。

第六章 結 論

第一節 研究成果

　　本研究從語言風格角度探討《史記》亂臣篇章詞彙的運用，以使用頻繁且色彩鮮明的「虛詞」和「同義詞」爲主，期能通過統計、比較、分析等方法，找出司馬遷用字遣詞的趨向與獨到之處。通過分析，《史記》亂臣篇章用虛詞、同義詞來型塑人物、分辨層次、凸顯旨題、寄寓褒貶等。大抵說來，〈張耳陳餘列傳〉多用範圍副詞、表複數的結構助詞來聯繫、區別人與人之間的距離，符合題旨；〈魏豹彭越列傳〉用虛詞、心理動詞來表現彭越的反實是漢家計；〈黥布列傳〉用表示因果的虛詞配合心理類動詞，寫出黥布所以謀反的原因；〈淮陰侯列傳〉以副詞表示忠誠的程度、標誌舉兵謀反的時間點，用軍事類動詞羅列戰功、心理類動詞表現其內在，論贊語言更有「動」來區別與其他人的功蹟；〈韓信盧綰列傳〉不斷地用範圍副詞鋪陳劉邦、盧綰的關係，而用以敘戰功的軍事類動詞幾不可見，與論贊語言相呼應。由此見出司馬遷對諸亂臣所採取的態度並不一致，他明晰地指出彭越不反、清楚地道出黥布不得不反、直白地敘述韓王信和盧綰投靠匈奴，唯有韓信寫得模糊不明，處在反／不反的界線，但整體評價是正面／積極大過於負面／消極。

　　語言風格現象是豐富多采而又錯綜複雜的，各種類型的風格之間除了互相排斥、還有互相交叉的現象，風格的手段也常常在不同的風格系統中互相滲透，這就使語言風格具有交錯性。[註1] 在分析亂臣篇章的詞彙時，可以發

〔註 1〕黎運漢《漢語風格探索》（北京：商務印書館，1990），頁 13。

現司馬遷的虛詞、同義詞除獨立發揮作用外，還彼此關聯，詞彙間交錯運用後所形成的語言風格並不是單一的，而是豐富多樣的，彼此間形成有機的對立、統一。《史記》亂臣篇章的詞彙風格綜述如下。

一、簡約風格與繁豐風格的對立與統一

簡約，又稱簡潔、簡煉、凝煉等，陳望道認為：「簡約的辭體，辭少而意多，可以使人感得峻潔，而富有言外之意」，〔註2〕這段話裡提到的「峻潔」二字，正是柳宗元對司馬遷文章風格的評價，主要是指《史記》以最經濟的文字來表達豐富的內容；換句話說，簡約的語言風格並不是僅以字數的多與少為衡量標準，更需考量到內容的表達程度。〔註3〕虛詞雖然意義較為薄弱，但適切地運用卻可以傳達出許多字詞之外的意義，從而符合了言簡意賅的特點，例如「素慢無禮」描繪出劉邦的形象的同時又含括評價；而恰當地使用同義詞能夠達到以簡馭繁，以一當十的效果，例如在攻擊義同義詞組裡選擇「襲」字，就不需要大費篇幅地解釋該次軍事行動的性質。

繁豐，又稱繁複、縝密、細膩等，其特點是表達某一特定內容時盡力鋪陳語言，對於一個事物，它不是一言以蔽之，而是從多方面充分地鋪敘和描寫，不但內容十分充實，而且還要求語言的豐贍和詳盡。〔註4〕《史記》亂臣篇章的這一風格特徵在與《漢書》的比較中特別明顯，胡應麟說：

> 子長敘事喜馳騁，故其詞蕪蔓者多，謂繁於孟堅可也，然而勝孟堅者，以其馳騁也。孟堅敘事尚剪裁，故其詞蕪蔓者寡，謂簡於子長可也，然遜於子長者，以其剪裁也。〔註5〕

司馬遷熟練地使用具有連接功能的虛詞，將同時發生的事件、人物的活動銜接起來，又頻繁的運用助詞、語氣詞使語句間的情緒、態度變得更明瞭，有些虛詞雖然可以省略，但反而影響讀者對文章道理的直接領悟，〔註6〕可見司

〔註2〕陳望道《修辭學發凡》（台北：文史哲出版社，1989），頁252。

〔註3〕參考魏成春《辭采學綱要》（北京：中國社會科學出版社，2012），頁93。

〔註4〕參考胡裕樹《現代漢語（重訂本）》（上海：上海教育出版社，1995），頁521。

〔註5〕〔明〕胡應麟《少室山房筆叢》，轉引自楊燕起、陳可青、賴長揚編《歷代名家評史記》（台北：博遠出版有限公司，1990），頁308。

〔註6〕劉大櫆言：「文必虛字備而後神態出，何可節損？然枝蔓軟弱，少古人厚重之氣，自是後人文漸薄處。史遷句法似贅拙，而實真古厚可愛。」詳見〔清〕劉大櫆《論文偶記》，收入郭紹虞、羅根澤編《中國古典文學理論批評專著選輯》（北京：人民文學出版社，1959），頁8～9。

馬遷非不知辭尚簡要，所以不厭繁複的鋪述，實由於筋節所關。《史記》亂臣篇章爲了使表達內容更爲詳盡，偶有同義詞連用，例如「齊僞詐多變」，這是形成其繁密風格的又一因素。

二、含蓄風格與直率風格的對立與統一

　　含蓄就是盡量不讓本意從字面上直接表露出來，而將它隱含在言辭的深處，讓讀者經過思索，透過字面的意義去了解其中的底蘊。〔註7〕劉大櫆認爲「文貴遠，遠必含蓄」，其後的論述中指出《史記》「微情妙旨」之特性：

> 其人謂子長文字，微情妙旨，寄之筆墨蹊徑之外。……意盡而言止者，天下之至言也，然言止而意不盡者尤佳。意到處言不到，言盡處意不盡，自太史公後，惟韓、歐得其一二。〔註8〕

第二章「精神信仰：孔子與《春秋》」嘗論述司馬遷繼承《春秋》筆法，以微言譏刺或反語曲筆的方式論斷，讓讀者自行體會隱微在字裡行間的評價，例如〈淮陰侯列傳贊〉普遍被認爲是反語曲筆，似斥實辯其是，而這種評論與詞彙的運用脫不了干係，從司馬遷對虛詞、同義詞的選擇可以了解他在語篇中所隱含的褒貶意義。

　　直率〔註9〕是在表達某一內容時有話直說，作者／說者的喜怒哀樂溢於言表，完全可以看出「情感的原樣子」。時人多有論司馬遷之文章情感豐富而沉重，究其原因乃與虛詞的使用脫不了干係，他於論贊語言經常將傳主身世與個人生命經驗作結合，而其歎息、轉折、停頓、徘徊往往化作一系列虛詞以直抒胸臆；他亦使用重言虛詞來達成語言的韻味，例如「愈益」、「唯獨」、「甚大」……這些虛詞或許並不表達多重要的資訊，卻是司馬遷個人性格氣質與語言風格的反映。

〔註7〕參考黎運漢《漢語風格探索》（北京：商務印書館，1990），頁210。

〔註8〕〔清〕劉大櫆《論文偶記》，收入郭紹虞、羅根澤編《中國古典文學理論批評專著選輯》（北京：人民文學出版社，1959），頁8。

〔註9〕許多相近辭采間的界線是模糊的，直率和明快極其相近，它們表達思想情感都非常清楚，易於把握；然而，直率不同於明快，明快比較平和，而直率則顯得激烈。參考魏成春《辭采學綱要》（北京：中國社會科學出版社，2012），頁46、155。司馬遷因李陵之禍，所傳達的情感較爲強烈，富有明顯愛憎（見第二章「生命轉折：李陵之禍」），故而研究者採以「直率風格」而不稱「明快風格」。

第二節　研究展望

本文專就《史記》亂臣篇章進行詞彙風格分析，雖然集中探討某個範圍的能夠觀察每一篇詞彙運用的全貌，但卻會遺漏許多其他篇章裡頭多種多樣的寫作技巧。限於研究者之學力，論文關照的面相實屬不足，值得深入去挖掘的空間甚廣。

例如，亂臣篇章或許能表示司馬遷部分的風格特色，但卻不能代表作家的整體風格，唯有全面分析《史記》百三十篇才能梳理出屬於司馬遷的作家作品語言風格，並且能夠全面比較出〈本紀〉、〈世家〉、〈表〉、〈書〉以及〈列傳〉五種體例語言風格的差異。

又例如，研究者所以將範圍限定在「亂臣篇章」是由於這批被殺戮的漢臣有太多值得討論的空間與疑點；事實上，若欲凸顯出司馬遷對「亂臣」的態度，最理想的作法是設立一組對照組，或許能將漢初開國功臣一併討論，辨析其中詞彙的差異。

引用書目

一、古籍專書（依時間先後排序）

1. 〔漢〕司馬遷《史記》（北京：中華書局，1982）。

2. 〔東漢〕班固《漢書》（北京：中華書局，1962）。

3. 〔東漢〕許慎撰，〔清〕段玉裁注《新添古音說文解字注》（台北：洪葉文化，1999）。

4. 〔魏〕曹丕《典論（及其他三種）》（北京：中華書局，1985）。

5. 〔魏〕張揖《廣雅》（北京：中華書局，1985）。

6. 〔東晉〕葛洪《抱朴子》（上海：上海書店，1982）。

7. 〔南梁〕劉勰著，范文瀾註《文心雕龍注》（台北：學海出版社，1991）。

8. 〔唐〕房玄齡等撰《晉書》（北京：中華書局，1974）。

9. 〔唐〕柳宗元撰，劉禹錫纂《柳河東全集》（台北：世界書局，1999）。

10. 〔宋〕鄭樵撰，王樹民點校《通志二十略》（北京：中華書局，1995）。

11. 〔宋〕歐陽修、宋祁撰《新唐書》（北京：中華書局，1975）。

12. 〔宋〕洪邁《容齋隨筆》（北京：中國社會科學出版社，2004）。

13. 〔宋〕蘇轍《蘇轍集》（北京：中華書局，1990）。

14. 〔宋〕倪思撰，〔元〕劉辰翁評《班馬異同》，收入《四庫全書存目叢書》（台南：莊嚴文化，1996）。

15. 〔明〕凌稚隆輯校，有井範平補標《史記評林》（台北：地球出版社，1992）。

16. 〔清〕顧炎武《顧炎武全集》（上海：上海古籍出版社，2011）。

17. 〔清〕王鳴盛《十七史商榷》（台北：中華書局，1985）。

18. 〔清〕劉大櫆《論文偶記》，收入郭紹虞、羅根澤編《中國古典文學理論

批評專著選輯》（北京：人民文學出版社，1959）。

19. 〔清〕趙翼《陔餘叢考》（台北：萬卷樓圖書股份有限公司，1993）。

20. 〔清〕李慈銘《越縵堂讀史札記》收入孫曉編《二十四史資料研究彙編·史記》（成都：巴蜀書社，2010）。

21. 〔清〕章學誠著，倉修良編注《文史通義新編新注》（杭州：浙江古籍出版社，2008）。

22. 〔清〕馬建忠《馬氏文通》（北京：商務印書館，2004）。

23. 〔清〕林紓《春覺齋論文》，收入郭紹虞、羅根澤編《中國古典文學理論批評專著選輯》（北京：人民文學出版社，1959）。

24. 〔清〕李景星著，陸永品點校《史記評議》（上海：上海古籍出版社，2008）。

25. 〔清〕梁玉繩《史記志疑》（北京：中華書局，1981）。

26. 〔清〕吳見思《史記論文》（台北：中華書局，1967）。

27. 〔清〕姚祖恩《史記菁華錄》（台北：聯經出版事業股份有限公司，1977）。

28. 〔清〕袁仁林《虛字說》（北京：中華書局，1985）。

29. 〔清〕劉淇《助詞辨略》（北京：中華書局，2011）。

30. 《十三經注疏：左傳》（台北縣：藝文印書館，1989）。

31. 《十三經注疏：周禮》（台北縣：藝文印書館，1989）。

32. 《十三經注疏：爾雅》（台北縣：藝文印書館，1989）。

33. 《十三經注疏：禮記》（台北縣：藝文印書館，1989）。

34. 吳毓江撰，孫啟治點校《墨子校注》（北京：中華書局，1993）。

35. 瀧川龜太郎《史記會注考證》（台北：萬卷樓圖書股份有限公司，1993）。

二、現代專書（依姓名筆劃排序）

1. 中國社會科學院語言研究所古代漢語研究室編《古代漢語虛詞詞典》（北京：商務印書館，1999）。

2. 毛遠明《左傳詞彙研究》（重慶：西南師範大學出版社，1999）。

3. 王力《中國現代語法》（香港：中華書局，2002）。

4. 王力《王力文集》（濟南：山東教育出版社，1984）。

5. 王力《古代漢語（校訂重排本）》（北京：中華書局，2007）。

6. 王力《同源字典》（北京：商務印書館，1982）。

7. 王力等編，蔣紹愚等增訂《古漢語常用字字典（第 4 版)》（北京：商務印書館，2005）。

8. 王叔岷《史記斠證》（北京：中華書局，2007）。

9. 王海棻《馬氏文通與中國語法學》（合肥：安徽教育出版社，1998）。

10. 王國維等著《司馬遷——其人及其書》（台北：長安出版社，1991）。

11. 王鳳陽《古辭辨》（長春：吉林文史出版社，1993）。

12. 可永雪《史記文學成就論衡》（北京：中央民族大學出版社，2012）。

13. 左松超《漢語語法（文言篇）》（台北：五南圖書出版股份有限公司，2008）。

14. 白壽彝《《史記》新論》（北京：求實出版社，1981）。

15. 朴宰雨《〈史記〉〈漢書〉比較研究》（北京：中國文學出版社，1994）。

16. 池昌海《史記同義詞研究》（上海：上海古籍出版社，2002）。

17. 何成邦《陸機詩歌的語言風格研究》（香港：香港中文大學，2012）。

18. 何金松《虛詞歷時詞典》（武漢：湖北人民出版社，1994）。

19. 何樂士、敖鏡浩、王克仲、麥梅翹、王海棻編《古代漢語虛詞通釋》（北京：新華書店，1985）。

20. 何樂士《〈史記〉語法特點研究》（北京：商務印書館，2005）。

21. 何樂士《《左傳》虛詞研究》（北京：商務印書館，2004）。

22. 吳福助《史漢關係》（台北：文史哲出版社，1987）。

23. 吳慶峰《《史記》虛詞通釋》（濟南：齊魯書社，2006）。

24. 呂叔湘《文言虛字》（台北：文史哲出版社，1975）。

25. 呂叔湘《呂叔湘全集》（瀋陽：遼寧教育出版社，2002）。

26. 宋嗣廉《史記藝術美研究》（長春：東北師範大學出版社，1986）。

27. 李長之《司馬遷之人格與風格》（台北：里仁書局，2008）。

28. 李維琦、王玉堂、王大年、李運富著《古漢語同義修辭》（長沙：湖南師範大學出版社，2012）。

29. 周文德《《孟子》同義詞研究》（成都：巴蜀書社，2002）。

30. 季鎮淮《大家小書·司馬遷》（北京：北京出版社，2002）。

31. 林珊湘《《史記》「太史公曰」之義法研究》（台北：花木蘭文化出版社，2006）。

32. 林聰舜《《史記》的世界——人性與理性的競逐》（台北：國立編譯館，2009）。

33. 竺家寧《語言風格與文學韻律》（台北：五南圖書出版股份有限公司，2005）。

34. 俞樟華《史記藝術論》（北京：華文出版社，2002）。

35. 段德森《簡明古漢語同義詞辭典》（太原：山西教育出版社，1992）。

36. 胡壯麟《理論文體學》（北京：外語教學與研究出版社，2000）。

37. 胡裕樹《現代漢語（重訂本）》（上海：上海教育出版社，2011）。

38. 徐方朔《史漢論稿》（南京：江蘇古籍出版社，1984）。

39. 徐復觀《兩漢思想史》（上海：華東師範大學出版社，2001）。

40. 秦秀白《文體學概論》（長沙：湖南教育出版社，1991）。

41. 高名凱《語言論》（北京：商務印書館，1995）。

42. 高名凱《語言學論叢》（上海：上海教育出版社，1960）。

43. 高禎霙《《史》、《漢》論贊之研究》（台北縣：花木蘭文化出版社，2006）。

44. 崔立斌《《孟子》詞類研究》（開封：河南大學出版社，2003）。

45. 張大可《史記研究》（北京：商務印書館，2011）。

46. 張萬有《文學語言審美論析》（香港：香港新世紀出版社，1992）。

47. 張德明《語言風格學》（高雄：麗文出版社，1995）。

48. 許世瑛《中國文法講話》（台北：台灣開明書店，1998）。

49. 許威漢《古漢語語法精講》（上海：上海大學出版社，2002）。

50. 許威漢《漢語詞彙學導論（修訂版）》（北京：北京大學出版社，2008）。

51. 陳曦《《史記》與周漢文化探索》（北京：中華書局，2007）。

52. 陳望道《修辭學發凡》（台北：文史哲出版社，1989）。

53. 程祥徽《語言風格學初探》（台北：書林出版社，1991）。

54. 黃沛榮主編《史記論文選集》（台北：長安出版社，1991）。

55. 黃金貫《古代文化詞義集類辨考》（上海：上海教育出版社，1995）。

56. 楊丁友《《史記》寫作文化研究》（成都：四川大學出版社，2009）。

57. 楊雅麗《《禮記》語言學與文化闡釋》（北京：人民出版社，2011）。

58. 楊樹達《詞詮》（上海：上海古籍出版社，1986）。

59. 楊樹達《漢書窺管》（上海：上海古籍出版社，1984）。

60. 楊樹達著，王術加、范進軍校注《詞詮校注》（長沙：岳麓書社，1996）。

61. 楊樹增《史記藝術研究》（北京：學苑出版社，2004）。

62. 楊燕起、陳可青、賴長揚編《歷代名家評《史記》》（台北：博遠出版有限公司，1990）。

63. 葉慶炳《中國文學史》（台北：學生書局，1990）。

64. 管錫華《古漢語詞彙研究導論》（台北：台灣學生書局有限公司，2006）。

65. 裴學海《古書虛字集釋》（北京：中華書局，2004）。

66. 趙克勤《古代漢語詞彙學》（北京：商務印書出版社，1994）。

67. 魯迅《魯迅全集》（北京：人民文學出版社，2005）。

68. 黎運漢、盛永生編，《漢語修辭學》（廣州：廣東教育出版社，2006）。

69. 黎運漢《漢語風格探索》（北京：商務印書館，1990）。

70. 黎運漢《漢語風格學》（廣州：廣東教育出版社，2000）。

71. 錢鍾書《管錐編》（北京：中華書局，1979）。

72. 韓兆琦《史記博議》（台北：文津出版社，1995）。

73. 韓兆琦《史記選注匯評》（台北：文津出版社，1993）。

74. 魏成春《辭采學綱要》（北京：中國社會科學出版社，2012）。

75. 顧頡剛《古史辨（第七冊）》（台北：藍燈文化事業股份有限公司，1993）。

三、期刊論文（依姓名筆劃排序）

1. 王卯根〈《史記》時間副詞的反向誇張用法〉，《修辭學習》第 2 期（2009 年），頁 73～76。

2. 王玉仁、王曉琳〈“儕”、“輩”、“屬”、“曹”、“等”之我見〉，《渤海大學學報（哲學社會科學版）》第 4 期（2009 年），頁 123～126。

3. 王曉玲〈清前《史記》語言文學研究論略〉，《寶雞文理學院學報（社會科學版）》第 32 卷第 5 期（2012 年 10 月），頁 66～69。

4. 池昌海〈對漢語同義詞研究重要分歧的再認識〉，《浙江大學學報》第 29 卷第 1 期（1999 年 2 月），頁 77～84。

5. 吳慶峰〈《論衡》虛詞與《史記》虛詞之比較研究〉，《山東師範大學（人文社會科學版）》第 56 卷第 6 期（2011 年），頁 99～102。

6. 李炳傑〈《史記》中的介詞〉，《中國語文》第 64 期第 6 卷（1989 年 6 月），頁 52～59。

7. 李炳傑〈《史記》中的助詞〉，《中國語文》第 65 期第 4 卷（1989 年 10 月），頁 25～31。

8. 李炳傑〈《史記》的複句連詞〉，《中國語文》第 65 期第 1 卷（1989 年 7 月），頁 39～47。

9. 沈家煊〈語言的“主觀性”和“主觀化”〉，《外語教學與研究》，第 33 卷 4 期（2001 年 7 月），頁 268～289。

10. 東英壽〈從虛詞的使用看歐陽修《五代史記》的文體特色〉，《江西師範大學學報（哲學社會科學版）》第 41 卷第 4 期（2008 年 8 月），頁 43～51。

11. 范文芳〈司馬遷的寫作技巧〉，《新竹師專學報》第 12 期（1985 年），頁 193～227。

12. 范文芳〈從「史記」看司馬遷在語文運用上的技巧〉，《國教世紀》第 25 卷第 4 期（1990 年 2 月），頁 1～9。

13. 張家合〈試論古漢語心理動詞研究〉,《學術論壇》第 6 期（2007 年）,頁 183～185。

14. 傅正義〈《史記》、《漢書》比較簡論〉,《渝州大學學報（哲學社會科學版）》第 1 期（1996 年）,頁 32～39。

15. 游釔鈞、徐富美〈從評價理論的態度系統分析司馬遷對韓信叛變之立場〉,待刊登。

16. 程維〈《史記》重言虛詞研究〉,《佳木斯大學社會科學學報》第 28 卷第 3 期（2010 年 6 月）,頁 55～59。

17. 溫源〈一字一嘆哀而遠——談《李將軍列傳》中虛詞的運用〉,《西安外國語學院學報》第 10 卷 2 期（2002 年 6 月）,頁 40～43。

18. 劉敏雄,〈史記淮陰侯列傳與漢書韓信傳試析——史漢文字比較之一例〉,《史苑》第 35 卷（1982 年 6 月）,頁 91～146。

19. 蘭青青〈《史記》中西漢開國功臣命運初探〉,《魅力中國》第 12 期（2010 年）,頁 205～207。

四、學位論文（依姓名筆劃排序）

1. 林天文《韓信及其軍事思想之研究》（新竹：玄奘大學中國語文研究所碩士論文,2010）。

2. 林婉瑜《楊牧《時光命題》語言風格研究》（台北：東吳大學中國文學系碩士論文,2003）。

3. 林雅惠《王昌齡七言絕句語言風格研究——以音韻和詞彙為範圍》（台北：台北市立教育大學應用語言文學研究所碩士班論文,2005）。

4. 林裕斌《漢初異姓諸侯王研究》（高雄：國立中山大學中國文學系碩士論文,2007）。

5. 林詩恩《林良兒童詩歌語言風格研究》（台中：國立台中教育大學語文教育學系碩士論文,2010）。

6. 武海亮《《史記》品行類單音節形容詞同義關係研究》（呼和浩特：內蒙古大學碩士論文,2006）。

7. 凌瑜《《史記》篇章連接標記研究》（杭州：浙江大學人文學院博士論文,2010）。

8. 張萍《《史記》中心理動詞的語法、語義研究》（臨汾：山西師範大學碩士論文,2010）。

9. 許璧《史記稱代詞與虛詞研究》（台北：國立台灣師範大學歷史研究所,1975）。

10. 郭瓊瑜《史記的褒貶義法》（台北：文化大學中國文學研究所碩士論文,1995）。

11. 陳逸玫《東坡詞語言風格研究》（台北：淡江大學中國文學系碩士論文，1995）。

12. 陳應祥《楊喚詩語言風格研究》（台北：台北市立教育大學中國語文學系碩士論文，2007）。

13. 鄭雅心《論清真詞的沈鬱頓挫風格——從語言學的角度分析》（高雄：高雄師範大學國文學系碩士論文，2008）。

14. 鍾嘉玲《張愛玲《傳奇》小說詞彙風格研究》（台北：國立政治大學中國文學系國文教學碩士論文，2012）。

15. 羅漪文《《左心房漩渦》之語言風格》（新竹：國立清華大學中國文學系碩士論文，2003）。

四、網路資料

1. 中央研究院歷史語言研究所《漢籍電子文獻資料庫》，瀏覽日期：2013 年 12 月 3 日。網址：http://hanchi.ihp.sinica.edu.tw/ihp/hanji.htm

2. 中國文化研究院《司馬遷與史記》，瀏覽日期：2014 年 9 月 17 日。網址：http://www.chiculture.net/php/frame.php?id=/cnsweb/html/0404

附　錄　非中和思想的突出：司馬遷「發憤著書」與歐陽脩「窮而後工」

游釔鈞

摘　要

　　「中和」審美觀念在戰國以前具有主導地位，到了春秋末年，由於政治思想和藝術創作等的發展變化，一些過去被排斥在傳統審美觀念之外的「非中和」情感逐漸嶄露頭角，隨著時代推移更發展出一套理論，這其中，司馬遷的「發憤著書」說與歐陽脩「窮而後工」說經常被學者所討論。

　　本文從「窮」以及「非中和思想的突出」兩個角度切入，闡釋「發憤著書」說與「窮而後工」說兩者間的關係，分為三個部分：首先，爬梳司馬遷「發憤著書」說的文學創作規律，即「窮→憤→發憤→著書」；其次，分析歐陽脩「窮而後工」說之特點與實踐，總結出「窮→憤→發憤→著書→工」的普遍規律；最後，通過「窮」與「非中和思想」來探討兩者間是否有所承繼。研究者認為「窮而後工」說較「發憤著書」說更為豐富，其命題業已囊括「發憤著書」說的內涵，兩者間應有其淵源。

關鍵詞：司馬遷、歐陽脩、發憤著書、窮而後工、非中和思想

前　言

　　「中和」審美觀念在戰國以前具有主導地位，此觀念的生成與西周末年「和」與「同」的辯證密切相關，史伯、晏嬰等人通過五聲、五色和五味之美的產生，說明「和實生物，同則不濟」的道理。到了春秋末年，「中和」的特點明確地體現在音樂美學思想中，《左傳·襄公二十九年》記載「季札觀樂」，〔註1〕由季札對各國音樂的批評可以知道春秋末年的核心思想是「中」，無論是「樂而不淫」、「哀而不愁」還是「樂而不荒」，這些評論都嚴格遵守「適度」這一原則；感情過度繁瑣、過分外露，與持中而不過度相對立的便以「淫」（即過度）鮮明地標示出來。春秋戰國之際，孔子論「和」，強調用道德來規範審美對象與審美主體。〔註2〕值得注意的是，在春秋末年發展起來的「情爲理制而不過度」的觀念，雖然在具體的藝術創作與評論領域中有十分明顯的表現，但卻並未形成情理關係上的明確概括。直到進入戰國時期，中和思想才有了顯著的發展，成爲當時社會創作欣賞的準繩，最具代表性的便是子思《中庸》：「喜怒哀樂之未發謂之中，發而皆中節謂之和」〔註3〕，明確地指出喜樂哀怒之情的表現，皆受到禮的制約而不過度。

　　春秋末年，「中和」觀念日趨穩固的同時，由於政治思想和藝術創作等的發展變化，一些過去被排斥在傳統審美觀念之外的「非中和」情感逐漸嶄露頭角。《論語·陽貨》在論述文學作品的社會作用時，所提及的「詩可以怨」長期以來被視爲非中和思想之濫觴；而明確地肯定並於創作中實踐「非中和」思想的是屈原，他關注帶有普遍意義的文學共性——言志抒情，並於〈惜誦〉提出「發憤以抒情」。屈原的「發憤說」豐富了中國古代的文藝思想，賈誼和司馬遷率先注意到此觀點，但眞正從理論的層面來探討「發憤說」內涵的並不是賈誼，而是司馬遷。〔註4〕其後，韓愈提出「文窮益工」；而歐陽脩則在

〔註1〕《左傳·襄公二十九年》：「吳公子札來聘，……爲之歌《頌》，曰：『至矣哉！直而不倨，曲而不屈，邇而不偪，遠而不攜，遷而不淫，復而不厭，哀而不愁，樂而不荒，用而不匱，廣而不宣，施而不費，取而不貪，處而不底，行而不流。五聲和，八風平，節有度，守有序，盛德之所同也。』」詳見楊伯峻編《春秋左傳注》（台北：洪葉文化事業有限公司，1993），頁 1161～1165。
〔註2〕參考袁濟喜《和：審美理想之維》（南昌：百花洲文藝出版社，2001），頁 17。
〔註3〕〔宋〕朱熹《四書集注》（台北：世界書局股份有限公司，1956），頁 26。
〔註4〕參考張強〈論「發憤說」發生發展的歷史〉，《社會科學戰線》第 5 期（2006年），頁 116。

韓愈的基礎之上，有系統地闡釋「窮而後工」。前人時賢多有對司馬遷「發憤著書」說與歐陽脩「窮而後工」說進行闡釋，學者普遍將兩者視為一脈相承（例馬雅琴 2002、馬智捷 2012），但仍有部分學者提出異議，認為兩者間的關係有待商榷（例墨白 2001、李鳳英 2010）研究者根據「窮」以及非中和思想突出兩個角度切入，認為「發憤著書」說與「窮而後工」說具有承繼性。

　　本文分為三個部分：首先，爬梳司馬遷「發憤著書」說的文學創作規律，前人認為其進程是從「憤」到「發憤」最後「發憤著書」，可以作如下標示：「憤→發憤→著書」，〔註 5〕但研究者以為「窮」在此過程中具有一定的重要性；其次，探討歐陽脩「窮而後工」說之特點與實踐；最後，藉由「窮」與「非中和思想」來分析「發憤著書」與「窮而後工」之間的關係。

一、司馬遷「發憤著書」說的奠基

　　漢儒在中庸之道的薰陶下，從文學角度對非中和思想有條件地發揮，主張「怨而不怒」、「哀而不傷」的說法，怨刺上政是可以的，但必須合乎「溫柔敦厚」的詩教原則，作到怨而不失其正，如此一來，傾洩感情的、忿怒抗爭的文學理所當然地驅逐在外。然而，司馬遷卻未依循這一標準，他突破儒家帶有空想性質的「和」的理想，要求文藝（主要是文學）直接面對那充滿尖銳衝突的現實社會人生。〔註6〕他一方面對孔子的「怨」進行改造，一方面汲取屈原「發憤以抒情」及淮南子「憤中形外」說的精神，透過寫作揭露當時統治階層相互傾軋及社會人情冷暖的黑暗面。

　　司馬遷（公元 145 年～？）在〈太史公自序〉、〈報任安書〉等具有自傳性質的作品當中，反復地闡述撰寫《史記》是為「發憤」：

> 夫詩、書隱約者，欲遂其志之思也。昔西伯拘羑里，演《周易》；孔子戹陳、蔡，作《春秋》；屈原放逐，著《離騷》；左丘失明，厥有《國語》；孫子臏腳，而論兵法；不韋遷蜀，世傳《呂覽》；韓非囚秦，《說難》、《孤憤》；《詩》三百篇，大抵賢聖發憤之所為作也。此人皆意有所鬱結，不得通其道也，故述往事，思來者〔註7〕

〔註 5〕參考張汝德〈「發憤著書」──文學創作的本質和規律〉，《邊疆經濟與文化》第 9 期（2007 年），頁 82。

〔註 6〕參考李澤厚、劉綱紀《兩漢美學史》（台北：金楓出版有限公司，1987），頁 130。

〔註 7〕瀧川龜太郎《史記會注考證・太史公自序》（台北：萬卷樓圖書股份有限公司，1993），頁 1372。

> 蓋文王拘而演《周易》；仲尼厄而作《春秋》；屈原放逐，乃賦《離
> 騷》；左丘失明，厥有《國語》；孫子臏腳，兵法脩列；不韋遷蜀，
> 世傳《呂覽》；韓非囚秦，《說難》《孤憤》；《詩》三百篇，大底聖賢
> 發憤之所爲作也。此人皆意有所鬱結，不得通其道，故述往事，思
> 來者。乃如左丘無目，孫子斷足，終不可用，退而論書策，以舒其
> 憤，思垂空文以自見。〔註8〕

司馬遷認爲無論是《周易》、《離騷》乃至《詩經》三百篇，在文學產生階段
都有「意有所鬱結，不得通其道也」於是「述往事，思來者」以「舒其憤」
此一共同點；換句話說，在司馬遷看來，這些典籍都有個大前提──「憤」。
當現實的壓迫愈大，作家的理想遭受壓抑，義憤之情油然而生；而抒發這一
大苦悶，往往是造就傳世名作的重要因素。司馬遷凸顯了個人與黑暗社會的
尖銳衝突，並且同偉大的文學作品的產生直接聯繫起來，通過對古聖先賢著
經典的總結，表明《史記》的創作動機。

　　司馬遷在指出創作動機是爲「發憤」之後，更進一步在《史記》解構屈
原與《離騷》，藉此以揭示「發憤說」的思想內涵。他以「窮」爲邏輯起點，
提出「憤」始於「窮」，概括人生痛苦經驗與創作兩者之間的關係：

> 屈平疾王聽之不聰也，讒諂之蔽明也，邪曲之害公也，方正之不容
> 也，故憂愁幽思而作《離騷》。離騷者，猶離憂也。夫天者人之始也；
> 父母者人之本也。人窮則反本，故勞苦倦極，未嘗不呼天也；疾痛
> 慘怛，未嘗不呼父母也。屈平正道直行，竭忠盡智，以事其君。讒
> 人閒之，可謂窮矣。信而見疑，忠而被謗，能無怨乎？屈平之作《離
> 騷》，蓋自怨生也。〔註9〕

在這一段話中，司馬遷將屈原理想破滅、遭受讒言，有志不得施，有苦不能
伸的困境用「窮」一字以蔽之；而由於內心有所不平，刺激屈原全身心地投
入創作《離騷》。司馬遷在此不僅認爲「窮」的產生是有條件的，更揭示了「憤
（怨）」的本質。

　　首先，司馬遷說明「窮」的條件。《史記‧屈原賈生列傳》：「屈平正道
直行，竭忠盡智以事其君，讒人閒之，可謂窮矣。」忠心耿耿的屈原，爲小

〔註8〕司馬遷〈報任安書〉，收入王力主編《古代漢語第 3 冊》（北京：中華書局，
　　　　2004），頁 921。
〔註9〕瀧川龜太郎《史記會注考證‧屈原賈生列傳》（台北：萬卷樓圖書股份有限公
　　　　司，1993），頁 1009。

人所構陷、誹謗，楚懷王不聽諫言，壞風壓倒正氣，司馬遷將此種境遇總稱為「窮」，由是可知，這裡的「窮」並非指經濟狀況上的困窘，而是忠臣抱負不得實踐，所帶來精神上的苦悶。換句話說，唯有在此種條件下所產生的「憤（怨）」方為自然的、合理的，司馬遷對「窮」的歸納有著重大的理論意義。

其次，司馬遷特別強調由有條件的「窮」所產生出的「憤（怨）」。屈原寫作《離騷》是為抒發「憂愁幽思」，是由「憤（怨）」而生，通過這種對「憤」的理論闡述，將它提到了一定的高度。一方面，「憤」並不僅僅是個人的情緒，更大部分是立基於為國家這一前提，故而「憤」的抒發成為合理的；另一方面，「憤」成為不朽之作賴以著成的崇高感情，也是用以進行審美評價的主要標準。﹝註10﹞對於這種仕途受挫，理想不得實踐而產生的創作情感——「憤」歷來有多種解釋：徐華認為「發憤說」與當時普遍認同的思想背景有著一定的內在關聯，並推導出「志意蘊積則氣結滿胸」符合「憤」基本意思。﹝註11﹞研究者認同多數的研究都應該置於當時特定的語境進行整體而深入的考察，但司馬遷筆下的「憤」由於個人經驗的影響，已成為特指的美學概念，其「憤」的定義應該更接近于民的觀點：

> 非中和思想的中心是「憂憤」。「憂憤」並非憂患，憂憤思想並非憂患意識。兩者相比，「憂患」包括憂的兩類型，而憂忿指的卻是由哀而怨而怒的，「怨以怒」的情感，哀傷的憂患之情是低沉的、引人消沉的，而怨以怒的憂憤卻是激昂向上的，引人奮起鬥爭的。﹝註12﹞

研究者所以認為司馬遷的「憤」是「怨以怒」，必須回歸到其生命經歷進行考察。司馬遷作《史記》的動機一是為遠紹孔子之事業，二是繼承父親談之遺志，但在經歷過李陵之禍後，他的心境產生了劇烈的改變：

> 僕少負不羈之才，長無鄉曲之譽。主上幸以先人之故，使得奏薄技，出入周衛之中。僕以為戴盆何以望天，故絕賓客之知，忘室

﹝註10﹞參考宋嗣廉《史記藝術美研究》（長春：東北師範大學出版社，1985），頁15。
﹝註11﹞徐華認為先秦兩漢典籍中存在大量「憤」、「發憤」、「舒憤懣」等用法，「發憤說」應非異軍突起，必然與當時普遍認同的思想背景有著一定的內在關聯，故而以「志意蘊積則氣結滿胸」為「憤」的基本意涵。詳見徐華〈漢代「發憤說」的美學內涵及思想基礎〉，《咸陽師範學院學報》第22卷第5期（2007年10月），頁27～28。
﹝註12﹞于民《中國美學思想史》（上海：復旦大學出版社，2010），頁240。

　　　家之業，日夜思竭其不肖之才力，務一心營職，以求親媚於主上。
　　　〔註13〕

　　　所以隱忍苟活，幽於糞土之中而不辭者，恨私心有所不盡，鄙陋沒
　　　世，而文采不表於後也。〔註14〕

前段是司馬遷遭受李陵之禍前，日夜都在思索如何獻出自己的微不足道的才
幹和能力，以求得皇上的信任和重用；後段是司馬遷表明所以忍受著屈辱苟
活，陷於如糞土般的污濁環境中而不肯死，是恨內心的志願有所未盡，如果
在屈辱中離開人世，那《史記》就不能見於後世。透過這兩段，可見李陵之
禍前後司馬遷心境上的轉變，專制政權的腐敗黑暗以及人情冷暖使其精神與
屈原的思想行為接軌，產生深切的認同感，進一步接受「發憤以抒情」的論
點。司馬遷因李陵之禍受腐刑，引發哀、怨、怒等情緒，但在這之後卻不因
此而委靡不振，憑藉著履行父親遺志以及「成一家之言」的執念，將負面情
緒昇華為動力，終完成《史記》這部對後世影響深遠的巨作，〔註15〕與「怨
以怒」那種引人奮起鬥爭，激昂向上的過程大抵相符。

　　司馬遷從理論及實踐兩個層面豐富了屈原「發憤以抒情」的文藝思想，
且在前人基礎之上，整合出文學創作的規律是人在途窮後產生怨憤之情，並
寄託此種情緒於作品中，可標示為：「窮→憤→發憤→著書」。「發憤著書」說
的提出與傳統的「中和」觀點有著明顯的不同，為非中和思想的藝術創作觀
點奠定了理論基礎，對中國古代「中和」思想有著深遠意義。〔註16〕

二、歐陽脩「窮而後工」說的拓展

　　「發憤著書」說對後代文學理論有著不同程度的影響，如揚雄、韓愈以
及歐陽脩等人所提出的文學理論，皆與司馬遷的這一觀念有著淵源關係。其中

〔註13〕 司馬遷〈報任安書〉，收入王力主編《古代漢語第 3 冊》（北京：中華書局，
　　　　2004），頁 912～913。
〔註14〕 司馬遷〈報任安書〉，收入王力主編《古代漢語第 3 冊》（北京：中華書局，
　　　　2004），頁 918。
〔註15〕 許多學者將司馬遷的「發憤著書」說歸因於李陵之禍，然張少康認為應從廣
　　　　義來理解：「從司馬遷本人來說，他的畢生志願就是要繼承父親司馬談的遺
　　　　願，寫好《史記》，後來他不幸遭處宮刑，但他並未因此而改變初衷，……。
　　　　對他來說，遭刑之前和遭刑之後都是『發憤著書』，不過遭刑之後這種特點更
　　　　為明顯。」詳見張少康《中國文學理論批評簡史》（香港：中文大學出版社，
　　　　1999），頁 53～54。
〔註16〕 李澤厚、劉綱紀《兩漢美學史》（台北：金楓出版有限公司，1987），頁 130。

宋代極具代表性的文學家歐陽脩（西元 1007 年～1072 年）吸收司馬遷「發憤著書」說以及唐代韓愈「不平則鳴」說發展出「窮而後工」說，[註17] 為後人所稱引。歐陽脩所以提出「窮而後工」的觀點，與摯友梅堯臣之生命經驗以及歐陽脩當時的境遇密切相關。梅堯臣（西元 1002 年～1060 年）二十九歲出任官職，明道元年（西元 1032 年）到慶曆六年（西元 1046 年）這期間，官職始終遊走於主簿、判官這個階層，不為人所薦，如同歐陽脩所言：「年今五十，猶從辟書，為人之佐，鬱其所蓄，不得奮見於事業。」[註18] 梅氏年近五十，文學成就雖越來越高，生活卻仍然困窮不堪，僅能「老不得志，而為窮者之詩」，[註19] 他一生致力於詩，在詩論方面多有貢獻。另一方面，歐陽脩曾懷有濟世經民之志，積極地支持范仲淹新政，卻受到守舊派權臣打壓。慶曆五年（西元 1045 年）歐陽脩被守舊派誣罔，貶往滁州（今安徽省滁州市）擔任知州事，正逢人生低潮，隔一年他於《梅聖俞詩集》序言中闡述關於詩歌的重要理論：

> 予聞世謂詩人少達而多窮。夫豈然哉？蓋世所傳詩者，多出於古窮人之辭也。凡士之蘊其所有，而不得施於世者，多喜自放於山巔水涯，外見蟲魚草木風雲鳥獸之狀類，往往探其奇怪；內有憂思感憤之鬱積，其興於怨刺，以道羈臣寡婦之所嘆，而寫人情之難言，蓋愈窮則愈工。然則非詩之能窮人，殆窮者而後工也。[註20]

歐陽脩「非詩之能窮人，殆窮者而後工也」的判斷，將過去被顛倒的因果關係進行修正：並不是作詩讓人不得伸志以致貧苦，而是艱難的境遇使詩人的抱負不得施展。由此觀之，應是對自身遭際有感而發。熙寧四年（西元 1071 年）歐陽脩於《薛簡肅公文集》序言解釋「窮而後工」說這一命題：

[註17] 羅根澤論及：「至文學的產生，韓愈以為由於『不得其平』。〈送孟東野序〉：『大凡物不得其平則鳴……文辭之於言，又其精也。』文學既生於不平之鳴，則愈不平，其文學愈善；而不平的因素雖多，最直接的是窮困，所以『文窮益工』。〈荊譚唱和詩序〉云：『……謹愉之辭難工，而窮苦之辭易好也。……』這種『不平則鳴』與『文窮益工』說的產生，其歷史來源，大概可上溯於司馬遷的對一切著述。」詳見羅根澤《中國文學批評史·韓柳及以後的古文論》（台北：學海出版社股份有限公司，1978 年），頁 133。

[註18] 〔宋〕歐陽修《歐陽修全集·梅聖俞詩集序》（北京：中華書局，2001），頁 612。

[註19] 〔宋〕歐陽修《歐陽修全集·梅聖俞詩集序》（北京：中華書局，2001），頁 612～613。

[註20] 〔宋〕歐陽修《歐陽修全集·梅聖俞詩集序》（北京：中華書局，2001），頁 612。

> 君子之學，或施之事業，或見於文章，而常患於難兼也。蓋遭時之
> 士，功烈顯於朝廷，名譽光於竹帛，故其常視文章爲末事，而又有
> 不暇與不能者焉。至於失志之人，窮居隱約，苦心危慮而極於精思，
> 與其有所感激發憤惟無所施於世者，皆一寓於文辭。故曰窮者之言
> 易工也。如唐之劉、柳無稱於事業，而姚、宋不見於文章。彼四人
> 者猶不能於兩得，況其下者乎！〔註21〕

當一個人平步青雲的時候，就必須忙於公務交際，投注於文章的時間也就減少，例姚崇、宋璟；至於官場失意之人，無法施展拳腳，僅能將滿腔的情緒寄託於文章，如劉禹錫、柳宗元。這兩段話包含了社會環境對文學創作的重要影響，認爲作家的生活境遇對其文學創作成就有相當重要的作用。此外，歐陽脩在文章中將「達」與「窮」給分割開，某種程度上否定「達而後工」，他認爲只有無稱於事業方能見於文章。根據歐陽脩在兩篇序言中的論述，「窮而後工」中兩個重要概念——「窮」與「工」的內涵便顯而易知。

歐陽脩所謂的「窮」與中國儒家傳統的「窮則獨善其身，達則兼濟天下」、司馬遷的「屈平正道直行，竭忠盡智以事其君，讒人間之，可謂窮矣」的「窮」含義相同，它並非貧窮之意，而是一種坎坷的生活遭遇以及由此引發的人生的苦痛、心靈的焦慮；這些遭遇雖有生活上的困頓，但更多強調政治上的苦悶，是一種「不達」的人生狀態，即：「凡士之蘊其所有，而不得施於世者」、「有所感激發憤惟無所施於世者」。這些身處於逆境中的文人不得不將滿腔鬱積的非中和之情感，設法以最精確、巧妙的言語傾洩而出，「皆一寓於文辭」便將「窮而後工」的另一個重要概念「工」導引出來，所謂的「工」即「優秀的作品」，不僅涉及文采，更必須有所寄託，〔註22〕達到形式與內容上的統一。

歐陽脩「窮而後工」說總結了歷代文人由「窮」而「工」的普遍規律，說明「窮」與「工」的關係：先有苦難的現實，方有優秀的作品。其文學創作規律可標誌爲：「窮→憤→發憤→著書→工」此一過程。

〔註21〕〔宋〕歐陽修《歐陽修全集・薛簡肅公文集序》（北京：中華書局，2001），頁 619。

〔註22〕歐陽脩於形式主張「簡而有法」，〈與杜訢論祈公墓誌銘〉提及：「文字簡略，止記大節」，爲文勿一味地追求堆砌雕刻；於內容則認爲「道勝文至」，當文人具備聖賢的道，內在充實，外在自然有文采。〈送徐無黨南歸序〉：「今之學者，莫不慕古聖賢之不朽，而勤一世以盡心於文字間者，皆可悲也。」詳見蔡世明《歐陽修的生平與學術》（台北：文史哲出版社，1986），頁 177～184。

三、「發憤著書」與「窮而後工」之關係

迄今為止，多數論者認為「窮而後工」說的淵源可推溯至司馬遷「發憤著書」說；但仍有少數學者以為這種看法是不準確的，並提出值得辨析之處。墨白曾言：

> 前者（發憤著書）屬於動因說，後者（窮而後工）屬於成因說。所以兩者所論述的觀點其實並不相同，因此，到底能不能把司馬遷的「發憤著書」說，看成是歐陽修「窮而後工」說的理論淵源，這點還有待商榷。〔註23〕

墨白對「發憤著書」說以及「窮而後工」說進行分析，認為前者著重於創作動機「憤」，而後者的重點則在於創作「窮」與「工」的因果關係，研究者基本接受「兩者所論述的觀點其實並不相同」，但卻不同意這兩種說法「不處於同一淵源的關係之中」，〔註24〕認為不能因為兩者論述的核心有所落差而否定其承繼關係。我們應該注意到，司馬遷到歐陽脩歷經數個朝代，中國文學理論在這漫長的歲月裡迅速發展，「發憤著書」說到了歐陽脩所處的年代，有所延伸、躍進應是必然的現象，就如同我們不能以「詩可以怨」的論述著力點並非「憤」，而否定「發憤著書」說對其的接受。

「發憤著書」說與「窮而後工」說確實是分別在對文學創作不同階段上出現的不同的理論問題進行闡釋：司馬遷「發憤著書」說強調的是創作的動機，它是闡述進入創作之前，創作主體（作家）的創作情感「憤」是如何形成，但他並未論及這個一創作動因與創作成果之間的關係為何；歐陽脩「窮而後工」說則在說明創作動機的同時，進一步論述創作實踐。他提出文人因「窮」引起的「憤」對文學作品的「工」的影響性，標誌出作家坎坷多舛的生活遭遇，對於文學創作的成功起到具有決定意義的作用。〔註25〕兩者的差異如下圖所示：

〔註23〕墨白〈「窮而後工」說與「發憤著書」說辨異〉，《新疆教育學院學報》第 17卷第 1 期（2001 年 3 月），頁 81。

〔註24〕墨白〈「窮而後工」說與「發憤著書」說辨異〉，《新疆教育學院學報》第 17卷第 1 期（2001 年 3 月），頁 82。

〔註25〕參考墨白〈「窮而後工」說與「發憤著書」說辨異〉，《新疆教育學院學報》第 17 卷第 1 期（2001 年 3 月），頁 81。

	創作前		創作中	
	窮	憤	著書	工
發憤著書	████████████████████████			
窮而後工	██████████████████████████████████			

圖1　「發憤著書」說與「窮而後工」說的差異

　　由圖 1 可以看出「發憤著書」說僅涉及因，而「窮而後工」說則揭示因果關係。「窮而後工」說的「窮」即涵蓋了「窮」到「發憤」這三個階段，約略等於「發憤著書」說；換言之，「窮而後工」說較「發憤著書」說更為豐富，其命題業已囊括「發憤著書」說的內涵。〔註26〕

　　我們針對「發憤著書」說與「窮而後工」說進行辨析，得知兩者的範圍有所差異，但我們也應該指出它們的相同之處，研究者認為有兩方面：其一，將「窮」置於文學創作規律，凸顯環境、經驗對創作的影響。先秦時期雖已提出文學可以「怨」，卻並未正視這些情緒是由何生，司馬遷提出「窮」以總括文人鬱鬱不得志的原因；歐陽脩則更明確地指出「窮」的本質，並更進一步將作家的窮與達與作品優劣好壞做連結。由於兩人的闡釋，「窮」這一文學發展史上的普遍創作規律，因此為文人所重視。其二，司馬遷的「發憤著書」說與歐陽脩「窮而後工」說皆突出非中和思想，且偏重負面情緒。雖然非中和情感自戰國後期以來時有所聞，但直到司馬遷才將「怨（憤）」的產生與抒發視為是合情入理、天經地義的，其後與非中和思想相關的文學理論輩出，如陸機「詩緣情說」肯定主體情感是文學創作中不可或缺的要素；而唐人韓愈介於司馬遷與歐陽脩之間，雖然主張「不平則鳴」說，但其「不平」之定義卻未及司馬遷「意有所鬱結」與歐陽脩「內有憂思感憤之鬱積」清楚，而不平之因也不如兩人來得明確，因此研究者認為歐陽脩在非中和思想更大部分是承繼了「發憤說」。

　　基於上述兩點，研究者認為「窮而後工」說與司馬遷「發憤著書」說雖然分別談的是文學創作的兩個階段，但卻並非毫無淵源。文學理論是與時俱進的，是一代又一代的文人在創作實驗中所集結出的，歐陽脩對於文學創作的理論或多或少受到司馬遷之影響；前者以後者的「人窮發憤」為基礎，推衍出「窮而後工」。

〔註26〕 參考李鳳英〈「窮而後工」的源起〉，《長春理工大學學報（社會科學版）》第23 卷第 4 期（2010 年 7 月），頁 95。

結　語

　　在中國傳統文學理論中，有不少觀點涉及文人遭際與文學藝術成就高低之間的關係。從漢代司馬遷提出「發憤著書」說，到六朝鍾嶸對怨情的論述、韓愈「不平則鳴」說，直至歐陽脩「窮而後工」說等，都不同程度地指出窮困的生活和苦難的遭遇，不僅是許多文人共同的命運，更重要的是文學創作的主要泉源。

　　司馬遷繼承並發展「詩可以怨」的思想以及《離騷》「蓋自怨生」等特點，藉著對屈原的批評以及自身經歷與創作實踐建立「發憤著書」說，歸納出「窮→憤→發憤→著書」創作規律，並將「怨（憤）」此一非中和情感提升至一定高度。而歐陽脩根據前人基礎結合摯友與己身的生命經驗，提出「窮而後工」的理論。他認為身世的窮困致使作家感憤，而發憤的過程作家在思想和審美觀上都會有別以往，從而使作家從仕途中的「窮人」變為富含審美理想和創作情感的「匠人」。歐陽脩總結了歷代文人「窮→憤→發憤→著書→工」的普遍規律，說明了「窮」與「工」的關係，其論述使得「窮」的定義也更為清晰。

　　「發憤著書」說究竟是否為「窮而後工」說的淵源？研究者主張兩者之間的確存在著關聯性。本文由「窮」這一概念以及非中和情感「憤」為切入點，以證中國文學理論批評中的兩個議題不應擅自分割，倘若「窮而後工」說剝離了「發憤著書」說，則「窮」這一概念將會有所弱化。

參考書目

1. 〔宋〕朱熹《四書集注》（台北：世界書局股份有限公司，1956）。
2. 〔宋〕歐陽修《歐陽修全集》（北京：中華書局，2001）。
3. 于民《中國美學思想史》（上海：復旦大學出版社，2010）。
4. 王力主編《古代漢語第 3 冊》（北京：中華書局，2004）。
5. 宋嗣廉《史記藝術美研究》（長春：東北師範大學出版社，1985）。
6. 李鳳英〈「窮而後工」的源起〉，《長春理工大學學報（社會科學版）》第 23 卷第 4 期（2010 年 7 月），頁 94～96。
7. 李澤厚、劉綱紀《兩漢美學史》（台北：金楓出版有限公司，1987）。
8. 徐華〈漢代「發憤說」的美學內涵及思想基礎〉，《咸陽師範學院學報》第 22 卷第 5 期（2007 年 10 月），頁 27～31。
9. 袁濟喜《和：審美理想之維》（南昌：百花淵文藝出版社，2001）。

10. 馬智捷〈司馬遷「發憤著書説」的中國文藝學價值〉,《文學界（理論版）》第 9 期（2012 年）,頁 239～241。

11. 馬雅琴〈歐陽修與司馬遷〉,《渭南師範學院學報》第 17 卷第 1 期（2002 年 6 月）,頁 32～33。

12. 張少康《中國文學理論批評簡史》（香港：中文大學出版社,1999）。

13. 張汝德〈「發憤著書」──文學創作的本質和規律〉,《邊疆經濟與文化》第 9 期（2007 年）,頁 82～83。

14. 張強〈論「發憤說」發生發展的歷史〉,《社會科學戰線》第 5 期（2006 年）,頁 112～117。

15. 楊伯峻編《春秋左傳注》（台北：洪葉文化事業有限公司,1993）。

16. 墨白〈「窮而後工」說與「發憤著書」說辨異〉,《新疆教育學院學報》第 17 卷第 1 期（2001 年 3 月）,頁 81～83。

17. 蔡世明《歐陽修的生平與學術》（台北：文史哲出版社,1986）。

18. 瀧川龜太郎《史記會注考證》（台北：萬卷樓圖書股份有限公司,1993）。

19. 羅根澤《中國文學批評史》（台北：學海出版社股份有限公司,1978 年）。